Philipp Löpfe

Ich verstehe nur DAX!

Philipp Löpfe

Ich verstehe nur DAX!

Die globalisierte Wirtschaft einfach erklärt

orell füssli Verlag AG

Umschlagabbildung: © Tom Grill/Corbis
Umschlaggestaltung: Andreas Zollinger, Zürich
Druck: fgb • freiburger graphische betriebe, Freiburg

ISBN 978-3-280-05296-9

Bibliografische Information der Deutschen Bibliothek:
Die Deutsche Bibliothek verzeichnet diese Publikation in der Deutschen Nationalbibliografie; detaillierte bibliografische Daten sind im Internet abrufbar über http://dnb.d-nb.de

Inhalt

Einleitung

In einer globalisierten Welt wird ökonomisches Wissen immer wichtiger. Wer die wirtschaftlichen Entwicklungen, die großen und kleinen Probleme verstehen und an deren Lösung mitwirken will, braucht heutzutage Grundkenntnisse im Bereich Volkswirtschaft. Jede und jeder von uns spürt das. Gleichzeitig wird einem das eigene Nichtwissen schmerzlich bewusst, wenn selbst in den Fernsehnachrichten die Wirtschaftsmeldungen einen großen Teil der Sendung ausmachen. Was genau ist ein Hedge-Fonds? Warum spricht man von «Heuschrecken»? Weshalb ist die Welt plötzlich wieder «flach» geworden? Und was bedeutet es genau, wenn ausländische Staatsfonds in unsere Wirtschaft investieren? Irgendwie hat man von all dem schon gehört, aber ganz verstanden hat man es nicht. Fragen stellt man aber lieber nicht, man will sich schließlich nicht blamieren.

Die Gralshüter der Wirtschaft machen es uns aber auch nicht leicht. Wenn Ökonomen überhaupt geruhen, sich ans gemeine Fußvolk zu wenden, dann tun sie es nicht selten in herablassendem Ton und in unverständlichem Fachjargon. Wie kann man da von Laien erwarten, dass sie begreifen, warum der Dollar plötzlich einen Drittel seines Wertes verliert, weshalb die Finanzmärkte einmal mehr beben und weshalb das alles gefährlich sein soll für die Wirtschaft im In- und Ausland?

In einer globalisierten Welt sind wir längst nicht mehr bloß unbeteiligte Beobachter eines ökonomischen Spektakels. Wir sind Betroffene, und zwar nicht nur dann, wenn wir Aktien besitzen und deshalb täglich angespannt die kleinsten Schwankungen der Börsenindices Dow Jones, SMI oder DAX verfolgen. Finanzkrisen, ob sie durch die Überschuldung eines Landes, durch Währungsspekulationen oder durch neue Finanzinstrumente ausgelöst werden, haben einen unmittelbaren Einfluss auf unserer Leben. Wenn in den USA Hypothekarschuldner ihre Zinsen nicht mehr bezahlen können, schreiben Schweizer Großbanken Milliarden ab, geraten deutsche Landesbanken ins Schlingern und müssen in Großbritannien Finanzinstitute vom Staat übernommen werden. Wir sind immer stärker abhängig von Kettenreaktionen. Die wirtschaftlichen Ereignisse lösen auch Emotionen und Ängste aus, die zunehmend Politik und Gesellschaft beeinflussen. Am wichtigsten ist dabei selbstredend die Angst vor dem Verlust des Arbeitsplatzes und des Wohlstandes.

Da Angst ein schlechter Ratgeber ist, wird es für uns alle immer wichtiger zu verstehen, was in der Wirtschaft vor sich geht. Hier setzt dieses Buch an. Es will ökonomische Sachverhalte und Zusammenhänge verständlich machen, ohne dabei in die Banalität abzugleiten. Die Methode ist einfach: Die Begriffe, die in den Medien häufig zu lesen oder zu hören sind, werden aufgegriffen und in einen Zusammenhang gestellt. Dabei geht es nicht darum, lexikalisches Wissen zu vermitteln, sondern ökonomische Theorien mit Alltagserfahrungen zu verknüpfen, mit anderen Worten: Geschichten zu erzählen. Die einzelnen Geschichten sind jeweils in sich abgeschlossen. Das Buch ist in drei Teile gegliedert: Im ersten Teil stehen die Finanzmärkte und ihre Akteure im Mittelpunkt. Im zweiten Teil geht es darum, wie die Globalisierung den Handel verändert und welche Folgen das auf die Unternehmen hat. Im dritten wird beleuchtet, wie sich das Verhältnis von Wirtschaft, Staat und Gesellschaft verändert und welche Herausforderungen zu meistern sind. Da eine klare Trennung der Bereiche nicht möglich ist, wird mit Querverweisen (→) auf andere Kapitel, die ähnliche Themen behandeln, aufmerksam gemacht. Nicht immer vermeiden lässt sich die oft grauslige Vermischung von deutscher und englischer Sprache. Tragen wir es mit Fassung.

Die Ökonomie wird gelegentlich auch die «trostlose Wissenschaft» genannt. Zu Unrecht: Ökonomie ist mehr als Statistik, mehr als Wachstum des Bruttoinlandprodukts und die monatlichen Arbeitslosenzahlen. Ökonomie beeinflusst unser Denken und unseren Alltag fundamental. Ob am Arbeitsplatz, beim Einkauf oder in der Freizeit, ob Managerin oder Politiker, alle richten sich nach wirtschaftlichen Gesetzmäßigkeiten. Oder wie es der bedeutende Ökonom John Maynard Keynes einmal ausgedrückt hat: «Die Ideen von Ökonomen und politischen Philosophen, unabhängig davon, ob sie falsch oder richtig sind, sind viel mächtiger, als gemeinhin angenommen wird. Tatsächlich wird die Welt von wenig anderem regiert.»

Dieses Buch ist der Versuch zu helfen, die richtigen von den falschen Ideen zu unterscheiden. Und die Aufforderung, ein bisschen mitzuregieren.

Finanzmärkte und Investoren

Besser als der Sechser im Lotto: Börsengang (IPO) und Leveraged Buyout (LBO)

IPO ist die Abkürzung von Initial Public Offering, zu Deutsch: Börsengang. Die drei Buchstaben IPO sind aber auch ein kulturelles Symbol geworden. Sie stehen für Jungunternehmer, die über Nacht zu Milliardären werden.

Am 9. August 1995 ging das Initial Public Offering von Netscape über die Bühne. Alle gängigen Regeln der Finanzwirtschaft wurden bei diesem IPO auf den Kopf gestellt: Die Firma war erst 18 Monate zuvor gegründet worden. Ihr einziges Produkt war ein Internet-Browser, ein Werkzeug, welches das Surfen im Netz auch für Laien zum Kinderspiel machte. Die Idee dazu stammte von Marc Andreessen, einem damals 22-jährigen Software-Ingenieur, der gerade sein Studium an der University of Illinois abgeschlossen hatte und sein Glück im Silicon Valley in Kalifornien suchte. Die treibende Kraft hinter dem Börsengang war Jim Clark, das Alphatier unter den Software-Ingenieuren. Clark war der Gründer der Silicon Graphics Industries, der damals coolsten Firma im Valley. Gleichzeitig war er ein libertärer Anarchist, der mit seinem

«Leb-schnell-stirb-jung»-Lebensstil das bewunderte Vorbild der jungen Wilden war. Clark wollte Netscape aus einem einzigen Grund so schnell an die Börse bringen: Er hatte sich in eine 100 Millionen Dollar teuere Segeljacht verguckt und brauchte Geld. Wie aber wollte man ein Unternehmen, das nur den Insidern im Silicon Valley ein Begriff war und das weder über ein professionelles Management noch über eine bekannte Marke verfügte, den Aktionären schmackhaft machen? Mit dem Charisma von Jim Clark. Ungläubig verfolgten die Banker die Kursentwicklung der Netscape-Aktien. Am ersten Handelstag stiegen die Papiere von 12 auf 48 Dollar, drei Monate später lag der Kurs bei sagenhaften 140 Dollar. Netscape, die Firma, die noch nie einen Cent verdient hatte, war nun an der Börse mehrere Milliarden Dollar wert, und dies einzig deshalb, weil die Investoren überzeugt waren, Jim Clark sei die Wiedergeburt von Bill Gates. Die Welt hatte zwei Milliardäre (Clark und Andreessen), rund 500 Millionäre (die übrigen Angestellten von Netscape) und einen Mythos mehr: IPO stand definitiv nicht mehr bloß für Initial Public Offering, die drei Buchstaben waren auch zur magischen Formel geworden, wie man über Nacht sagenhaft reich werden konnte, wenn es gelang, ein Start-up-Unternehmen erfolgreich an die Börse zu bringen.

Eigentlich ist ein IPO eine banale und technische Angelegenheit. Ein Unternehmen sucht Kapitalgeber und geht deshalb an die Börse. Damit die Investoren wissen, worauf sie sich einlassen, muss das Unternehmen ehrlich über seinen finanziellen Zustand, seine Produkte und seine Zukunftspläne Auskunft geben. Es muss, wie man gelegentlich salopp sagt, «die Hosen herunterlassen». Zu diesem Zweck veröffentlicht das Unternehmen einen Börsenprospekt, der alles, aber wirklich alles Wissenswerte enthalten muss. Eine Investmentbank berät das Unternehmen dabei und sucht geeignete Investoren. In einer informellen Auktion wird dabei der ideale Ausgabepreis eruiert, ein Vorgang, der «Book Building» genannt wird. Damit die Anleger nicht über den Tisch gezogen werden, wird der ganze Prozess von der Börsenaufsicht peinlich genau kontrolliert.

Das IPO von Netscape war mehr als Routine. Es wurde zum Startschuss für die so genannte Dotcom-Ära oder die New Economy. In dieser verrückten Zeit verschob sich das Zentrum der Finanzwelt für kurze Zeit von der Wall Street ins Silicon Valley. Dort wurde das ganz große Geld verdient, gingen die ganz heißen Deals über die Bühne. Das Rezept dazu war simpel: Man nehme erstens ein paar Software-Ingenieure, auch Nerds genannt. Diese jungen Computer-Freaks, oft noch Studenten, verbrachten praktisch 24 Stunden am Tag damit, in irgendwelchen Garagen an Computer-Software herumzuwerkeln, sich von Pizza und Cola zu ernähren und auf den großen Reibach zu hoffen. Man nehme zweitens Venture-Kapitalisten, manchmal auch wenig schmeichelhaft Vulture(Geier)-Kapitalisten genannt. Venture-Kapitalisten sind klassische Vermittler. Sie sind eine Art Investmentbanker für junge, nicht börsenkotierte Unternehmen. Sie beschaffen auf der einen Seite Geld und pflegen auf der anderen Seite gute Kontakte zur Nerd-Szene. Die Jungunternehmer reichen ihnen ihre Businesspläne zur Begutachtung ein. Sind sie von einer Idee begeistert, dann beteiligen sich die Venture-Kapitalisten an der Firma mit einer ersten Runde von so genanntem Seed Money, einer Art Gründungskapital. Weit wichtiger als das Geld sind jedoch andere Qualitäten, welche die Venture-Kapitalisten einbringen. Sie stellen den Jungunternehmern ein Management-Team zusammen, nehmen selbst Einsitz in die Aufsichtsgremien, beraten in strategischen Fragen und stellen den Kontakt zu den Banken her. Diese schließlich bereiten das Terrain für den letzten Schritt zum großen Geldtopf. Sie organisieren das IPO.

Nach diesem Muster wurden im Silicon Valley der Neunzigerjahre Legenden und Milliardäre geschaffen, eBay beispielsweise. Das Internet-Auktionshaus war ursprünglich ein reines Hobby eines technisch begabten Studenten namens Pierre Omidyar. Wegen seiner Sammelleidenschaft entwickelte er eine Software, die das Tauschen im Netz ermöglichte. Omidyars Sammel-Homepage wurde zu einer Kultseite der kalifornischen Szene und erregte die Aufmerksamkeit der Firma Benchmark-Partner, die zu den wichtigsten Venture-Kapitalisten des Valleys gehörte. Ihr gelang es, die erfahrene Managerin Meg Whitman dazu zu überreden, einen 600 000-Dollar-Job bei einer traditionellen Firma aufzugeben und den Posten als CEO bei eBay anzunehmen. Der Rest ist inzwischen Legende: Das IPO von eBay wurde noch erfolgreicher als der Börsengang von Netscape, Omidyars und Whitman gehören längst zu den Ikonen der New Economy.

Weitere spektakuläre IPO-Erfolge waren Amazon und Yahoo und später natürlich Google. Das soll jedoch nicht darüber hinwegtäuschen, dass nach dem Platzen der so genannten Dotcom-Blase die IPO-Begeisterung merklich abkühlte. Im Börsencrash von 2002 verloren viele Anleger mit den Unternehmen der New Economy sehr viel Geld. In den USA sackte der Wert der an der Technobörse Nasdaq kotierten Firmen auf einen Drittel ihres Höchstwertes zusammen. In Deutschland wurde nach spektakulären Pleiten der «Neue Markt» wieder eingestellt und die wenigen Firmen, die das Debakel überlebten, wurden wieder in den DAX integriert. Wie im Goldrausch haben auch im IPO-Rausch Ende der Neunzigerjahre die Investoren die Realität auf absurde Art und Weise aus den Augen verloren. Ein typisches Beispiel dafür ist die Entwicklung des Aktienkurses von Priceline.com, einem Internet-Auktionshaus für Airline-Tickets. Am 30. März 1999 fand der Börsengang statt. Zehn Millionen Aktien wurden zu einem Preis von 16 Dollar auf den Markt geworfen. Der Kurs sprang augenblicklich auf 85 Dollar und sollte zu seinen besten Zeiten 150 Dollar erreichen. Priceline.com war über Nacht ein Unternehmen mit einer Börsenkapitalisierung von beinahe zehn Milliarden Dollar geworden und damit mehr wert als beispielsweise die Luftfahrtgesellschaften United Airlines, Continental Airlines und Northwest Airlines zusammen. Diese besaßen immerhin Flugzeuge, Terminals und bekannte Marken. Was aber hatte Priceline.com damals zu bieten? Eine Software, ein paar Computer und eine völlig unbekannte Marke. Die gerade mal ein Jahr alte Firma hatte in dieser Zeit für 35 Millionen Dollar Tickets verkauft und dafür 36,5 Millionen bezahlt! Über zehn Milliarden Dollar Börsenkapitalisierung für ein Unternehmen, das mit Verlust Airline-Tickets verhökerte, irgendwie ringt einem das geradezu wieder Respekt ab. Später brach der Aktienkurs von Priceline.com ein und erreichte ein Tief von zwei Dollar. Immerhin, das Unternehmen hat als eines der wenigen der Dotcom-Ära überlebt. Anfang 2008 war die Aktie wieder rund 110 Dollar wert. Netscape hingegen ist zuerst von American Online für sehr viel Geld gekauft worden, um danach in der Versenkung zu verschwinden. Zu Beginn des Jahres 2008 hat die neue Besitzerin angekündigt, dass sie die Unterhaltsarbeiten an Netscape einstellen werde. Der erste Internet-Browser war damit klinisch tot.

Der Begriff IPO hat so etwas wie ein Spiegelbild: das LBO. Diese Abkürzung steht für Leveraged Buyout, und dahinter steckt ein Vorgang, der das exakte Gegenteil eines IPOs ist: Beim Börsengang will das Management Investoren für ein attraktives Unternehmen gewinnen und sie daran beteiligen. Beim LBO hat das Management das Gefühl, die Aktionäre würden ihr Unternehmen viel zu tief bewerten, und will sie deshalb wieder loswerden. Ein LBO macht aus einer Publikumsgesellschaft wieder eine private Firma, man spricht deshalb auch von einem «going private» (→ Corporate Governance). Wie ein IPO kann auch ein LBO sehr lukrativ sein, vor allem, wenn die Zinsen tief und damit die Schulden billig sind. Konkret geht das wie folgt: Das Management oder Finanzinvestoren wie eine Private-Equity-Firma kommen zum Schluss, dass die Ertragskraft eines Unternehmens ausreichen würde, um deutlich mehr Fremdkapital zu finanzieren, sprich deutlich mehr Schulden zu bedienen. Sie offerieren deshalb den bestehenden Eigentümern, ihnen ihre Aktien zu einem Preis abzukaufen, der über dem aktuellen Börsenkurs liegt. Das Geld dazu leihen sie sich bei den Banken im Wissen darum, dass die Ertragskraft des Unternehmens ausreicht, die Zinsen der Schulden zu finanzieren. Bei einem LBO traut das Management dem Unternehmen mehr zu als die Eigentümer. Die Börsenkapitalisierung liegt deutlich unter dem eigentlichen Wert der Firma.

LBOs waren typisch für die Gier der Achtzigerjahre, IPOs für die New-Economy-Euphorie der Neunziger. Im 21. Jahrhundert kann man die beiden kombinieren. Die britische Warenhauskette Debenhams beispielsweise wurde 2003 mittels eines LBOs von verschiedenen Private-Equity-Firmen übernommen, dann saniert und 2006 mit einem IPO wieder an die Börse gebracht. Für die

Investoren ein glänzendes Geschäft, für die neuen Aktionäre weniger: Debenhams musste kurz nach dem IPO eine Gewinnwarnung veröffentlichen, mit anderen Worten, das Management musste die neuen Eigentümer darauf hinweisen, dass die erwarteten Gewinne nicht eintreten würden. Im konjunkturabhängigen Detailhandel kann sich die Situation sehr schnell verändern. Möglicherweise sind die neuen Aktionäre von Debenhams bald so frustriert, dass sie sich vom Management überreden lassen, sich ihre Aktien wieder abkaufen zu lassen.

City schlägt Street

IPO sind typisch für den angelsächsischen Turbokapitalismus und beleben vor allem das Geschäft an der New Yorker Wall Street, richtig? Nun, nicht mehr ganz. Es stimmt zwar, dass amerikanische Unternehmen traditionell ihr Kapital von den Finanzmärkten beziehen, während in Europa die Banken lange eine wichtige Rolle als Geldgeber gespielt haben. Doch die Börse hat sich auch auf dem alten Kontinent durchgesetzt. 2006/2007 war die Anzahl IPOs in Europa deshalb sogar deutlich höher als in den USA. Vor allem die Londoner City hat sich zum bevorzugten Ort für IPOs entwickelt. Firmen aus allen Ländern reisen für den Börsengang an die Themse. Für diese Entwicklung gibt es verschiedene Gründe. Einerseits profitiert Europa davon, dass vermehrt russische Banken, norwegische Öl- und Gasgesellschaften und britische Immobilienentwickler sich dem Publikum öffnen. Andererseits vergällen die verschärften Vorschriften der amerikanischen Behörden, beispielsweise das Sarbanes-Oxley-Gesetz (→ Corporate Governance), den Unternehmen die Lust auf Börsengänge an der Wall Street. Selbst US-Unternehmen ziehen deshalb die City der Street vor. Gleichzeitig an verschiedenen Börsen kotiert zu sein, können sich nur ganz große Unternehmen leisten. Die Anforderungen der Börsenaufsicht sind in jedem Land verschieden. Zudem gelten beispielsweise in den USA andere Regeln in der Buchführung als in Europa.

Wenn Mathematik wichtiger wird als das Golf-Handicap: Derivate und Optionen

Ein Derivat ist ein Finanzprodukt, dessen Preis von einem anderen Produkt abgeleitet wird. Derivate haben den Charakter einer Versicherung, ursprünglich dienten sie als Schutz vor den Unsicherheiten des Marktes. Auf den modernen Finanzmärkten haben sie ein Eigenleben entwickelt. Das Volumen der gehandelten Derivate ist explodiert. Gleichzeitig sind sie so komplex geworden, dass selbst Experten sie kaum noch verstehen.

Es ist die Zeit zwischen Weihnachten und Neujahr. Zusammen mit Ihrer Familie planen Sie in aller Ruhe die Sommerferien. Sie entscheiden sich für einen dreiwöchigen Trip durch den Westen der USA. Flüge, Mietautos und Hotels, dank Internet ist alles mit ein paar Mausklicks gebucht. Nur eine Sorge bleibt: der Dollar. Seit einiger Zeit neigt die US-Währung zu heftigen Kursschwankungen. Das könnte sich zu Ihren Gunsten auswirken. Verliert der Dollar bis zum Sommer an Wert, dann können Sie Ihre Ferien um ein paar Tage in der «Disneyworld» verlängern. Wird der Dollar aber unerwartet teurer, dann drohen Ihnen drei Wochen Fast-Food-Verpflegung. Dieses Risiko wollen Sie nicht eingehen. Sie sichern sich ab und kaufen Optionen. Ein «Call» gibt Ihnen das Recht, Dollars im Sommer zu einem fixen Preis zu erwerben, ein «Put», sie wieder zu einem fixen Preis zu verkaufen.

Optionen sind eine spezielle Gruppe von Derivaten. Derivate wiederum sind eine spezielle Art von Finanzprodukten. Sie dienen grundsätzlich der Absicherung gegen Risiken. Das zeigt das eingangs geschildert Beispiel, das allerdings fiktiv ist. Die Auslagen für Sommerferien mit Optionen abzufedern, wäre viel zu teuer und unverhältnismäßig. Aber das Prinzip ist allgemein gültig. Bei großen Beträgen und in einem anderen Umfeld sind Derivate oft unumgänglich. So kann sich beispielsweise eine Airline gegen die Schwankungen des Treibstoffpreises versichern, angesichts der hohen Kosten für Kerosin eine Überlebensfrage.

Derivate basieren auf einer alten Erkenntnis. Bauern, die ihre Ernte gegen die Unbill des Wetters absichern wollen, kennen das Prinzip schon sehr lange. Ernten werden verkauft, bevor man weiß, wie sie ausfallen. Auf diese Weise tragen Erzeuger und Händler gemeinsam das Risiko einer Missernte. Auch das berühmte Subskriptionsprinzip der Bordeaux-Weine beruht auf diesem Versicherungsgedanken. Man kauft den Wein, bevor man seine Qualität kennt, und verhindert auf diese Weise massive Preisunterschiede bei den einzelnen Jahrgängen. An den Finanzmärkten hingegen spielten Derivate lange keine Rolle. Bis in die Achtzigerjahre gaben Aktien und Obligationen den Ton an, Calls und Puts waren unbedeutend. Dann begann der kometenhafte Aufstieg der Derivate und damit auch eine neue Epoche in der Finanzwelt.

Was kennzeichnet diese neue Epoche? Der Finanzprofessor

Frank Partnoy umschreibt den Wandel in seinem Buch «Infectious Greed» witzig, aber im Kern korrekt wie folgt: «Mathematisches Wissen wurde wichtiger als ein tiefes Golf-Handicap.» Früher waren für erfolgreiche Banker gute Umgangsformen und ein Savoir-vivre im Umgang mit ihrer reichen Klientel ebenso wichtig wie Kenntnisse der Finanzmärkte. Mit den Derivaten wurde alles anders, sie veränderten die Spielregeln. Jetzt konnten junge Draufgänger immer riskantere Wetten auf eigene Faust eingehen, weil sie die Mittel dazu hatten. Derivate sind wie Zuckerwatte, wenig Substanz täuscht sehr viel Volumen vor. Dank der neuen Finanzinstrumente konnten die smarten Jungbanker mit relativ kleinen Einsätzen relativ große Wirkung erzielen. Mit anderen Worten: Sie konnten mit Millioneneinsätzen auf den Märkten Milliarden verschieben. Weshalb? Erinnern wir uns an das eingangs geschilderte Dollar-Beispiel. Angenommen, Sie wollen mit Dollars spekulieren. Das können Sie mit Derivaten viel effektiver tun. Sie erwerben sich das Recht, Dollars zu einem bestimmten Zeitpunkt zu einem bestimmten Preis zu kaufen, Sie zahlen dafür aber einen Bruchteil dessen, was es Sie kosten würde, wenn Sie reale Dollars erwürben. Deshalb können Sie Ihren Wetteinsatz massiv erhöhen, allerdings auch das Risiko. Wenn Sie sich verspekulieren, haben Sie am Schluss bloß wertlose Derivate in der Hand.

Nicht nur auf den Finanzmärkten läuteten die Derivate eine Revolution ein, sie krempelten auch die Unternehmen um. Ein neuer Begriff tauchte in der Wirtschaftswelt auf: das «Financial Engineering». Derivate ermöglichen einen Feinschliff von Bilanzen in einem bisher nicht gekannten Maß. Weil sie keine Werte an sich darstellen, sondern bloß von Werten abgeleitet werden, müssen sie nicht in der ordentlichen Jahresrechnung aufgeführt werden. Das verschafft den Finanzchefs neuen Spielraum. Sie können beispielsweise Ertragsschwankungen glätten, indem sie Gewinne und Verluste über mehrere Perioden verteilen und so eine kontinuierliche Entwicklung vortäuschen. Dank Derivaten wird die Gewinnentwicklung eines Unternehmens berechenbar. Finanzchefs können nun sehr präzise Prognosen abgeben und diese in der Regel auch einhalten. Das lieben die Investoren, und das wirkt sich positiv auf den Aktienkurs aus. Wehe allerdings dem Finanzchef, der seine Prognose nicht einhalten kann. Er wird an der Börse unerbittlich abgestraft.

Derivate sind ein bisschen wie Doping im Sport. Sie verleihen Unternehmen Kräfte, über die sie eigentlich gar nicht verfügen. Deshalb kann Financial Engineering tödliche Nebenwirkungen haben. Der Energiekonzern Enron beispielsweise baute mit Hilfe von Derivaten ein sehr komplexes Firmengeflecht auf. Das hatte zwei Vorteile: Außenseiter konnten die Geschäftsvorgänge nicht mehr nachvollziehen und das Unternehmen erschien viel potenter, als es in Wirklichkeit war. Als dann die New Economy zur Jahrtausendwende in einem Börsencrash endete, stürzte auch das Kartenhaus Enron ein. Das Unternehmen hatte zu keinem Zeitpunkt über die Substanz verfügt, die es dank Derivaten vortäuschen konnte. Enron ist auch ein Beispiel dafür, wie die neuen Finanzinstrumente eine Kontrolle der Unternehmen fast unmöglich machen. Selbst der Finanzprofessor Frank Partnoy kommt dabei ins Staunen: «Es ist kaum zu glauben: Nach Enrons Bankrott waren die eigenen Angestellten der Firma nicht mehr fähig, die Details der finanziellen Vorgänge zu verstehen und einen vernünftigen Jahresbericht zu erstellen; selbst die Unterstützung neuer Experten der Firma PricewaterhouseCoopers half nicht, es war schlicht unmöglich geworden, Soll und Haben ins Gleichgewicht zu bringen.»

Derivative Finanzinstrumente haben in den letzten 20 Jahren die Rolle der Banken verändert. Sie haben zur so genannten Securitasiation (auf Deutsch: Verbriefung der Schulden) geführt. Der traditionelle Banker sammelt Spargelder ein und leiht sie zu einem höheren Zins wieder aus. In diesem Geschäftsmodell trägt der Banker das Risiko, wenn ein Schuldner zahlungsunfähig wird. Nicht so, wenn die Schulden verbrieft werden. Dank Derivaten werden Schulden und Objekt getrennt. Das wiederum ermöglicht, dass Schulden aufgeteilt, neu zusammengesetzt und handelbar werden. Für Investoren ist dies attraktiv. Wie bei einem Anlagefonds bilden nicht die Aktien eines einzelnen Unternehmens den Gegenwert, sondern ein professionell zusammengestellter Mix. Sicherheit und Rendite können so optimiert werden. Die Anleger müssen ihr Geld nicht mehr auf eine einzige Karte setzen. Sie gewinnen auch an Flexibilität, weil sie jederzeit ihre Anteile verkaufen können. Aus den Bankern macht die Securitasiation Broker: Sie vermitteln zwischen Gläubigern und Schuldnern und erhalten dafür eine Gebühr. Für den Schuldner ändert sich nichts. Bei einer Hypothek beispielsweise bürgt er nach wie vor mit seinem Haus für seine Schuld.

Dank der Securitasiation wird der Spielraum der Banken größer. Solange sie selbst das Schuldenrisiko tragen, müssen sie dafür gesetzlich vorgeschriebene Rücklagen tätigen. Diese Verpflichtung fällt nun weg, das entsprechende Kapital kann profitabler eingesetzt werden. Theoretisch wird auch das System als Ganzes sicherer. Es ist, wie wenn man Salz nicht in eine kleine Tasse, sondern in einen See schüttet. Bei falscher Dosierung hält sich der Schaden in Grenzen. Derivate eliminieren das «Klumpenrisiko», die Abhängigkeit von einem einzelnen Großschuldner, und sorgen für eine breite Streuung des Risikos. Damit verhindern sie, dass der Konkurs eines einzelnen Schuldners das ganze System in Gefahr bringen kann. Umgekehrt erhöht der Einsatz von Derivaten das Systemrisiko. Das Finanzsystem kann so komplex werden, dass es als Ganzes zu versagen droht.

Derivate sind nicht nur Instrumente für Profis, sie werden zunehmend auch von normalen Kleinanlegern benutzt. Diese kaufen beispielsweise so genannte strukturierte Produkte. Darunter kann man sich eine ganz gewöhnliche Obligation mit einem nicht so gewöhnlichen Zinscoupon vorstellen. Die Rendite dieser Obligation wird nicht mehr durch Laufzeit und Zinshöhe bestimmt. Mit Derivaten ist es möglich, die Rendite nach fast allen nur denkbaren Kriterien zu definieren. Sie kann abhängig sein von der Entwicklung an den Devisen- oder Aktienmärkten, aber auch von völlig willkürlichen Ereignissen. Bekannt ist ein Fall, wo selbst der Ausgang eines Baseballspiels die Rendite einer Obligation beeinflusst hat. Doch dies war eine Spielerei. Grundsätzlich haben strukturierte Produkte den Zweck, dass man sich seine Investitionen maßschneidern lassen kann. So wie Konsumgüter immer mehr auf den individuellen Geschmack ausgerichtet werden, werden auch Anlagen auf subjektive Vorlieben getrimmt, respektive nach ökologischen Vorlieben, nach Branchen, nach Risiko, etc. «strukturiert». Aber Vorsicht: Strukturierte Produkte können trügerisch sein. Der Einsatz von Derivaten kann den Charakter einer Anlage grundlegend verändern. Um es mit einem Vergleich zu sagen: Derivate können eine Familienlimousine in einen Formel-1-Boliden verwandeln – mit der entsprechenden Beschleunigung, aber auch mit dem entsprechenden Crash-Risiko. Äußerlich ist dabei dieser Umbau für Laien oft gar nicht zu erkennnen. Er kauft nach wie vor ein Finanzprodukt, das beispielsweise wie eine Obligation aussieht, dessen Charakter aber mit Derivaten verändert worden ist. Aus einer «sicheren» Obligation ist möglicherweise ein hochspekulatives Anlagevehikel geworden, das schwierig zu beherrschen ist. Die Fahrt kann deshalb sehr schnell in einem Totalschaden enden.

Nicht nur Laien, auch die Banker sind von den komplexen Finanzinstrumenten gelegentlich überfordert. Das ist die Erkenntnis aus der «Subprime-Krise», die nach dem Platzen der US-Immobilienblase die internationalen Finanzmärkte erfasst hat. Sie hat eine spezielle Art von Derivaten in den Mittelpunkt des Interesses gerückt, die so genannten CDOs. Diese Abkürzung steht für Collateralised Debt Obligations. Mit den CDOs wurde eine Securitasiation, eine Verbriefung der Schulden im großen Stil möglich. Das verlieh den Finanzmärkten zunächst eine gewaltige Dynamik, die monetären Schwerkräfte schienen außer Kraft gesetzt zu sein. Menschen konnten ohne Eigenkapital Häuser kaufen, und gleichzeitig erzielten die Investoren überdurchschnittliche Gewinne. Wie war das überhaupt möglich?

Um zu erahnen, was eine CDO ist, stellen Sie sich am besten eine Tafel Schokolade vor. Normalerweise hat diese einen einheitlichen Geschmack, Milch- oder Nussschokolade beispielsweise, oder sie ist schwarz oder weiß. Bei einem CDO jedoch hat jedes Stück einen anderen Geschmack. Derivate erlauben, wie erwähnt, dass Schulden von ihrem Objekt getrennt werden können. Ein CDO ist eine Art Schokolade, die aus einzelnen Täfelchen mit verschiedenen Geschmacksrichtungen zusammengesetzt wird. Sie ist, um wieder in die Finanzsprache zu wechseln, ein Schuldschein mit sehr unterschiedlichen Schuldnern. Fragt sich bloß, weshalb Schulden zuerst mühsam aufgedröselt und dann wieder neu gebündelt werden.

Schulden sind nicht gleich Schulden. Analog zu den unterschiedlichen Geschmacksrichtungen der Schokolade gibt es unterschiedliche Bonitäten. Rating-Agenturen wie Moody's oder Standard & Poor's stufen Schuldner ein von Triple A (AAA) bis CCC. Triple-A-Schuldner bieten gute Sicherheiten und erhalten leichter und zu besseren Konditionen Kredit als Triple-C-Schuldner. Die erhalten oft gar keinen Kredit, weil es vielen institutionellen Investoren verboten ist, in Unternehmen und Länder zu investieren, die nicht genügend sicher sind, die keinen so genannten Investment Grade aufweisen. Dank den CDOs werden sie wieder kreditwürdig. Weshalb? Sie sind, um beim Schokoladenbespiel zu bleiben, nicht mehr die ganze Tafel, sondern nur ein Stück. Das vorher untragbare Risiko wird scheinbar tragbar, denn die Tafel als Ganzes gilt wieder als sicher, und gleichzeitig erhöht sich die Rendite. Die schlechten Schuldner müssen einen höheren Zins bezahlen und belohnen so das Risiko der Investoren.

Die Subprime-Krise hat die Grenzen dieser Logik aufgezeigt. Offensichtlich kann auch eine breite Risikostreuung ein Risiko sein. Dank den CDOs haben viele zweifelhafte Schuldner Kredite erhalten (daher der Name, «subprime» bedeutet «nicht erstklassig»). Zyniker lästern, dass jeder Amerikaner, der einen Puls vorweisen konnte, auch eine Hypothek aufnehmen durfte. Solange die Preise stiegen, waren alle glücklich: Selbst Problemschuldner konnten ihren Verpflichtungen nachkommen. Weshalb? Angenommen, Sie kaufen ein Haus für 500 000 Franken und belehnen es bis auf den letzten Rappen. Nach einem Jahr ist der Wert Ihres Hauses um zehn Prozent gestiegen. Sie gehen deshalb zu ihrer Bank und erhöhen Ihre Hypothek um 50 000 Franken. Aus diesem Geld können Sie Ihre Zinsen bezahlen und sich sogar noch ein neues Auto leisten. Beginnen aber die Preise zu stagnieren oder kommen sie gar ins Rutschen, ändert sich die Situation schlagartig. Dann zeigt sich, wie es so schön heißt, wer ohne Badehose schwimmt, wer mit anderen Worten pleite ist. Die Problemschuldner können nicht mehr zahlen, und Banken und Fonds, die einseitig auf hochrentable CDOs gesetzt haben, bekommen große Probleme.

Das Ausmaß der Verschuldung ist inzwischen riesig geworden. Die «Financial Times» schätzt, dass allein im Jahr 2006 CDOs im Wert von über 2500 Milliarden Dollar ausgestellt worden sind. Ein großer Teil dieser Produkte kann nicht mehr gehandelt werden, weil erstens nicht klar ist, wer überhaupt der Schuldner und ob, zweitens, dieser noch zahlungsfähig ist. Die Märkte mit diesen Produkten sind deshalb illiquid geworden (→ Hedge-Fonds). Banken müssen Milliarden abschreiben, selbst den Experten wird es mulmig. Wenn eine profane Immobilienkrise schon so viel Schaden anrichten kann, wie werden die mit Derivaten gedopten Finanzmärkte eine allfällige Rezession in China oder Indien verkraften? Oder wie einen möglichen Terroranschlag mit einer «schmutzigen Bombe» in den USA? Das fragt sich beispielsweise der ehemalige Chefökonom des Internationalen Währungsfonds, Kenneth S. Rogoff. Auch der ehemalige US-Finanzminister und Harvard-Ökonom Larry Summers hat mehrmals öffentlich davor gewarnt, dass sich die Märkte wegen der Derivative in falscher Sicherheit wähnen. Selbst in der Finanzwelt macht sich Zynismus breit. Der legendäre Investor Warren Buffett hatte die CDOs als

«Massenvernichtungswaffen der Finanzmärkte» bezeichnet. An der Wall Street werden sie auch «nuklearer Abfall» genannt.

Alle drei Jahre wieder

Lassen sich Krisen an den Finanzmärkten überhaupt vermeiden? In den letzten 20 Jahren ist es etwa alle drei Jahre zu Turbulenzen gekommen: 1987 gab es einen Crash an den Börsen, dann kam die Krise der amerikanischen Regionalbanken (Savings & Loans), dann folgte 1994 die Mexiko-Krise und 1997/1998 die «asiatische Grippe». Darauf platzte die Internetblase. Es folgte die durch den Kollaps von Enron ausgelöste Vertrauenskrise. So gesehen war die Subprime-Krise im Sommer 2007 überfällig. Alle neuen Finanzinstrumente haben bisher nicht verhindert, dass diese Krisen stets nach dem gleichen Muster ablaufen: Zuerst herrscht eine Zeit übermäßigen Vertrauens, die Kurse steigen, und sorglose Investoren beginnen, sich zu verschulden, um noch mehr Gewinne zu erzielen. Sorglose Banken gewähren diesen Kredite gegen immer geringere Sicherheiten. Irgendwann kippt das Ganze, eine unangenehme Überraschung verbreitet Angst und Schrecken bei den Investoren. Jetzt suchen alle Anleger plötzlich und gleichzeitig mehr Sicherheit. Es ist wie im Kino: Jemand schreit «Feuer!», und alle rennen zu den Notausgängen. Die Preise fallen und setzen einen Teufelskreis in Gang: Immer mehr Anleger sind, um ihre Bankkredite zu bedienen, gezwungen zu verkaufen und reißen die Kurse noch mehr in die Tiefe. Gleichzeitig werden die Banken vorsichtiger, was die Vergabe von

Krediten betrifft, die Notenbanken greifen notfallmäßig ein, um einen Finanz-GAU zu verhindern. Irgendwann ist die Kurskorrektur groß genug, der Reparaturprozess setzt ein – und auf die Angst folgt erneut die Gier.

Moral Hazard

Finanzkrisen suchen nicht nur regelmäßig die Märkte heim, sie stürzen die Zentralbanken auch in den immer gleichen Zwiespalt: Sollen sie mit Zinssenkungen, mit billigem Geld also, die Spekulanten retten oder nicht? Dieses Dilemma wird in der Fachsprache «Moral Hazard» genannt (→ Greenspan). Es ist praktisch nicht zu lösen. Warum? Finanzmärkte sollten zwar rational und effizient sein, das sind sie jedoch nur in der Theorie. In der Praxis kommt es immer wieder zu Exzessen, es bilden sich so genannte Blasen. Platzt die Blase schließlich, dann haben die Notenbanken nur noch die Wahl, die Spekulanten zu retten oder die ganze Volkswirtschaft in die Misere zu stürzen, indem sie hart bleiben und eine Rezession riskieren. Das ist jedoch in der Regel eine akademische Diskussion. Sie wird in Leitartikeln und Talkrunden leidenschaftlich geführt. Dort ertönt der Ruf nach Härte gegenüber den Spekulanten, koste es, was es wolle. In der Praxis bleibt den Notenbanken gar nichts anderes übrig, als mit billigem Geld die Märkte zu beruhigen, Moral hin und Hazard her. Die Folgen einer harten Haltung sind für die gesamte Volkswirtschaft inzwischen viel zu gefährlich geworden. Das allerdings hat unschöne Konsequenzen: De facto genießen heute die größten Spekulanten, die größten Hedge-Fonds beispielsweise, eine implizite Staatsgarantie.

Finanzgenies unter sich: Hedge-Fonds und Private Equity

Hedge-Fonds und Private-Equity-Firmen sind von professionellen Geldmanagern geführte Anlagevehikel. Ihre Kunden sind sehr wohlhabende Menschen und institutionelle Anleger wie Pensionskassen und Versicherer. Hedge-Fonds und Private-Equity-Firmen gelten als aggressive Investoren. In der Öffentlichkeit sind sie umstritten: Für ihre Anhänger sind sie dynamische Motoren der modernen Wirtschaft. Ihre Gegner hingegen bezeichnen sie als schädliche «Heuschrecken».

Der Name Hedge-Fonds steht im Widerspruch zu ihrem Ruf: «to hedge» ist der englische Ausdruck für «sich absichern». Hedge-Fonds investieren nicht im Stil eines Zockers, der alles auf eine Karte setzt und mit Mut und Glück die Bank sprengt. Sie arbeiten im Gegenteil mit Anlagestrategien, die sich auf komplexe, mathematische Modelle und die Erfahrung ihrer Geldmanager stützen. Dabei wird jede Position durch eine Gegenposition «gehedged», eben abgesichert. Jeder Kleinanleger mischt inzwischen sein Portfolio so, dass er die Risiken verteilt und nicht alle Eier in den gleichen Korb legt. Was also machen Hedge-Fonds anders? Eigentlich nichts, aber sie machen es viel professioneller, mit viel mehr Kapitaleinsatz und mit viel komplexeren Finanzinstrumenten. Das zeigt das Beispiel von Long Term Capital Management (LTCM). Dieser Hedge-Fonds hat die Welt gleich zwei Mal zum Staunen gebracht, zuerst mit märchenhaften Renditen und danach durch die Tatsache, dass ein einzelner Fonds beinahe das internationale Finanzsystem zum Einsturz bringen kann.

LTCM wurde 1993 von John Meriwether gegründet, einer Legende an der Wall Street. Mit einer Handvoll sorgfältig ausgewählter Händler und dem Geld von wenigen, aber sehr potenten Mitgliedern begann LTCM Mitte der Neunzigerjahre, die Finanzwelt aufzumischen. Meriwether setzte dabei nicht nur auf das Bauchgefühl seiner Händler, sondern auch auf die Gehirnmasse der besten Mathematiker, die damals für Geld zu haben waren. Zu seinem Stab gehörten unter anderen die Nobelpreisträger Robert C. Merton und Myron S. Scholes. Für LTCM berechneten diese Superhirne Formeln für Anlagestrategien, die geheimer waren als das Rezept für Coca-Cola.

Mit gutem Grund. LTCM war zunächst ein durchschlagender Erfolg. «Vier Jahre lang war die ganze Wall Street neidisch auf Long Term», schreibt Roger Lowenstein in seinem Buch «Der große Irrtum». «Der Fund fuhr jährlich mehr als 40 Prozent Rendite ein, ohne je Verluste zu erleiden, ohne Volatilität, scheinbar ohne jedes Risiko. Seine intellektuellen Supermänner hatten es anscheinend geschafft, eine unsichere Welt in kühl berechenbare Risiken zu verwandeln – sie waren das Beste, was die moderne Finanzwelt zu bieten hatte.»

Wie sah das konkret aus, wenn die Finanzgenies am Werk

waren? Dazu ein einfaches Beispiel: Treasury Bonds, Schuldscheine der USA, gelten als sehr sichere Anlage. Einerseits, weil die Vereinigten Staaten von Amerika als guter Schuldner gelten, die Wahrscheinlichkeit, dass sie zahlungsunfähig werden, ist minim. Andererseits ist der Markt mit Schuldpapieren der USA sehr liquid, das heißt, es gibt immer genügend Käufer und Verkäufer, niemand muss Angst haben, dass er nicht sofort verkaufen kann, wenn er verkaufen will. US-Staatsobligationen mit einer Laufzeit von 30 Jahren werden täglich im Umfang von mehreren hundert Milliarden Dollar gehandelt. Den Tradern von LTCM ist dabei etwas Merkwürdiges aufgefallen: Rund sechs Monate, nachdem sie in Umlauf gebracht worden sind, sind die T-Bonds oft leicht unterbewertet, sie werden mit einem ganz kleinen Discount gehandelt. Eine rationale Erklärung dafür gibt es nicht, es ist wie bei Gebrauchtwagen: Wer ein Auto kauft, das bereits ein paar Monate im Verkehr ist, kann mit einem Abschlag gegenüber einem Neuwagen rechnen, der objektiv nicht begründet ist. Im Jahr 1994 war dieser Abschlag überproportional groß. LTCM hat diese Differenz auf den Märkten aufgespürt und ausgenutzt. Es ist den Tradern gelungen, ein irrationales Phänomen in den prinzipiell rationalen Märkten zu entdecken und für sich auszunutzen. Sie konnten, um es nochmals mit den Gebrauchtwagen zu vergleichen, ein Schnäppchen machen, das sie als Einzige entdeckt hatten.

Man kann sich das Vorgehen von LTCM auch wie folgt vorstellen: Auf einer Autobahn ist es unmöglich, Benzin zu unterschiedlichen Preisen zu verkaufen. Jede Tankstelle muss die Preisbewegungen der Konkurrenz sofort mitmachen. Long Term ist es immer wieder gelungen, auf abgelegenen Straßen Tankstellen zu finden, bei denen solche Preisdifferenzen möglich waren, und hat diese Differenzen ausgenutzt. LTCM hat somit keine waghalsigen, sondern im Grunde genommen banale und sehr sichere Geschäfte abgewickelt. Die hohe Rendite wurde dank dem Volumen erzielt. LTCM hat diese Deals mit sehr hohen Einsätzen gemacht, gemäß der Logik: Wer eine Milliarde Mal einen Cent verdient, hat gleich viel in der Kasse wie jemand, dem einmal ein Zehn-Millionen-Dollar-Coup gelingt.

Hedge-Fonds sind, was die Anzahl ihrer Mitarbeiter betrifft, Kleinunternehmen. LTCM beispielsweise hatte nicht einmal 200 Angestellte und verwaltete Gelder von bloß 100 Kunden. Doch die Kunden hatten es in sich. LTCM war in seiner Hochblüte der beste «Club» der Stadt. Wem Zutritt zu diesem exklusiven Zirkel gewährt wurde, der hatte es definitiv auf die A-Liste der New Yorker Prominenz geschafft. John Meriwether war ein umschwärmter Star. Wegen seiner Reputation konnte er sich seine Investoren aussuchen und war niemandem Rechenschaft schuldig. LTCM vertraute man eine bestimmte Summe für eine bestimmte Laufzeit an und hoffte auf eine weit überdurchschnittliche Rendite. Einblick in die Geschäftstätigkeit war nicht zu erhalten. Warum sollte Meriwether seine Tricks verraten? Sie wären sofort von der Konkurrenz kopiert und damit wertlos geworden.

Meriwether hatte auch von den Behörden keine Einmischung zu befürchten. Wer in Hedge-Fonds investiert, kennt sich aus. Die Kunden sind entweder sehr wohlhabend oder selbst professionelle Geldmanager. Deshalb verzichten die Börsenaufsichten weltweit auf Kontrollen, wie sie für andere Anlagevehikel üblich sind. Institutionelle Anleger wie Versicherungen oder Fonds für Kleinanleger müssen Risiko-Richtlinien beachten, dürfen beispielsweise nur einen bestimmten Anteil Aktien in ihrem Portfolio haben oder dürfen nur Obligationen von Schuldnern kaufen, die als sicher gelten. Diese Vorsichtsmaßnahmen gelten für Hedge-Fonds nicht. Sie spielen nicht mit dem Geld von Witwen und Waisen. Weshalb sollte man sie da scharf kontrollieren?

Im Falle von LTCM hätte man es besser getan. Im Herbst 1998 herrschte bei der US-Notenbank, dem Federal Reserve System, höchste Alarmstufe (→ Dollar). Am 23. September beschlossen die Wächter der amerikanischen Geldpolitik zu handeln. William J. McDonough, der Präsident des New York Fed, versammelte die Chefs der wichtigsten Finanzhäuser im Sitzungssaal des Fed-Gebäudes. Man war nicht zum Feiern gekommen. LTCM war im Begriff zu kollabieren und dabei das gesamte internationale Finanzsystem in den Abgrund zu reißen. Was war geschehen?

Seit einigen Monaten wurden die Finanzmärkte von der so genannten asiatischen Grippe geschüttelt. Zuerst konnte die thailändische Nationalbank ihre Verpflichtung, den Baht zu einem bestimmten Verhältnis gegen Dollar einzutauschen, nicht mehr einhalten, weil ihr die Devisen fehlten. Thailand musste seine Währung abwerten. Kurz darauf gerieten Südkorea und Indonesien ebenfalls in Nöte. Die Finanzmärkte bebten, auch Russland und Brasilien waren im Begriff, von der «asiatischen Grippe» angesteckt zu werden.

Für LTCM war diese Entwicklung eine Katastrophe. Meriwether und seine Händler hatten sehr viel Geld damit verdient, dass sie Staatsschulden von reichen Staaten und Staatsschulden so genannter Emerging Markets, aufstrebender Staaten wie Thailand oder Brasilien, gegeneinander «gehedged» hatten. Unter normalen Verhältnissen waren diese Risiken kontrollierbar, doch im Sommer 1998 waren die Verhältnisse nicht mehr normal. Der Markt mit Staatspapieren von Emerging Markets war in kürzester Zeit vollkommen ausgetrocknet, oder wie es in der Finanzsprache heißt, illiquid geworden. Banal ausgedrückt bedeutet dies: Kein Mensch wollte mehr Obligationen von Thailand, Korea, Russland oder Brasilien kaufen. Dummerweise hatte LTCM aber noch sehr viele davon und musste sie sehr dringend verkaufen.

Stellen Sie sich vor, Sie brauchen Bargeld und sind deshalb bereit, Ihre teure Uhr auf dem Flohmarkt zu verhökern. Normalerweise werden Sie einen Preis erzielen, der etwa dem erwarteten Wert Ihrer Uhr entspricht, wenn Sie Glück haben, sogar ein bisschen mehr. Wenn Sie jedoch Ihre Uhr an einem Tag verkaufen müssen, an dem niemand eine Uhr kaufen will, dann schmilzt der Wert Ihrer Uhr blitzschnell gegen null zusammen. Ein anderer, noch verzweifelterer Verkäufer bietet seine Uhr um jeden Preis an und reißt Sie mit in den Keller. Deshalb sind illiquide Märkte der Alptraum jedes Investors. Wenn niemand mehr kaufen will, löst jedes Verkaufsangebot einen ungebremsten Preissturz aus.

Auch in der so genannten Subprime-Krise im Herbst 2007 haben illiquide Märkte den Banken immense Verluste beschert. Im Prinzip lässt sich der gleiche Mechanismus wie bei der Finanzkrise von 1998 beobachten. Dank modernen Finanzinstrumenten wie der Verbriefung von Schulden (→ Derivate) werden zunächst große Gewinne erzielt. Doch in der Krise werden diese Produkte schlagartig gemieden wie die Pest, keiner will den Schwarzen Peter in der Hand haben, die negative Spirale beginnt sich rasend schnell zu drehen. Selbst die klügsten Mathematiker der Welt können einen Preiszerfall in illiquiden Märkten nicht verhindern. An der Börse heißt es deshalb, sich dagegen zu wehren sei, wie wenn man einen fallenden Dolch mit bloßen Händen aufzufangen versuche.

Bei LTCM war es nicht anders: Im Chaos der asiatischen Krise versagten die Absicherungsstrategien der Superhirne, der Fonds musste plötzlich täglich Verluste in der Höhe von hunderten von Millionen Dollar verkraften, insgesamt verlor er über vier Milliarden Dollar. «Gemäß unseren Modellen hätte dies gar nie passieren dürfen», klagte der Nobelpreisträger Robert C. Merton im «Wall Street Journal». Doch die Märkte kümmerten sich nicht um die Gesetzmäßigkeiten der traditionellen Ökonomie. Meriwether und LTCM verloren weiter und verspielten dabei nicht nur das Geld ihrer Kunden. Um einen größeren Hebel zu haben, das heißt, um bei den Geschäften noch viel mehr zu verdienen, hatte sich der Fonds auch in Milliardenhöhe verschuldet. Alle wichtigen Geldinstitute der Wall Street waren deshalb direkt oder indirekt am Schicksal von Long Term beteiligt. Ein Kollaps des Fonds hätte eine unkontrollierbare Kettenreaktion auslösen können. Um dies zu verhindern, schaltete sich die US-Notenbank ein. Selbst der legendäre Alan Greenspan soll sich in die Verhandlungen eingemischt haben (→ Greenspan). Mit Erfolg. Die Chefs der größten Wall-Street-Banken, aber auch etwa die UBS, verzichteten schließlich darauf, ihre Schulden in Milliardenhöhe bei Long Term einzufordern, und willigten auf Druck der US-Notenbank in eine ordentliche Liquidation des Fonds ein.

Der jähe Fall von LTCM hätte auch das Ende der Hedge-Fonds einleiten können. Das Gegenteil ist eingetroffen: Heute existieren mehr Hedge-Fonds denn je. Für diese Entwicklung gibt es verschiedene Gründe. Die Finanzmärkte des 21. Jahrhunderts sind bisher geprägt von tiefen Zinsen. Spargelder aus dem asiatischen Raum und Petrodollars aus den Ölstaaten sorgen für eine Geldflut an den Märkten, und auch die institutionellen Anleger wie Pensionskassen und Versicherer müssen massenhaft Kapital anlegen. Immer raffiniertere Finanzprodukte sorgen für immer noch komplexere Anlagestrategien (→ Derivate). All dies sorgt für ein Klima, in dem Hedge-Fonds ideal gedeihen. Ihr Erfolgsrezept – eine kleine Gruppe hochspezialisierter Geldmanager investiert mit Hilfe hochkomplexer Anlagestrategien und praktisch ohne Kontrolle Milliarden –, bleibt attraktiv. Deshalb wird es auch kopiert, beispielsweise von den Private-Equity-Firmen.

«Warum gründen wir nicht alle eine Private-Equity-Firma?», fragte der bekannte Historiker Niall Ferguson halb ironisch, halb neidisch an einem Kongress für Sozialwissenschaftler. Angesichts der märchenhaften Gewinne, die Private-Equity-Firmen in jüngster Zeit erzielt haben, ist diese Frage verständlich. Die Blackstone Group beispielsweise ist heute die größte Private-Equity-Firma der Welt. Am 1. Mai 2007 verwaltete sie mit bloß 200 Mitarbeitern ein Vermögen von 88,4 Milliarden Dollar. Eine unglaubliche Entwicklung. Noch 1995 hatte die Gruppe rund drei Milliarden Dollar zur Verfügung. Der Aufstieg der Blackstone Group ist schnell und einfach erklärt: Sie wies über Jahre hinweg eine durchschnittliche Rendite von über 30 Prozent aus, die Investoren standen Schlange, um der Gruppe Geld anzuvertrauen. Auch die Blackstone Group verfügt über einen charismatischen CEO, Stephen A. Schwarzman. Er ist einer der Superstars an der Wall Street und lässt sich seine Dienste vergolden. Allein im Jahr 2006 hat er rund 400 Millionen Dollar verdient. Im Juni 2007 hat er die Blackstone Group an der Börse kotieren lassen (→ Börsengang). Bei diesem Börsengang haben Schwarzman und der Präsident von Blackstone, Peter Peterson, rund 2,5 Milliarden Dollar einkassiert. Ja, in der Tat, weshalb gründen wir nicht alle eine Private-Equity-Firma?

Private-Equity-Firmen unterscheiden sich in einem Punkt von Hedge-Fonds. Sie verstehen sich nicht bloß als reine Finanzinvestoren, sondern greifen auch ins operative Geschäft ein. Sie haben deshalb in der Regel einen längeren Zeithorizont. Das Geschäftsprinzip ist schnell erklärt: Private-Equity-Firmen kaufen Unternehmen billig auf und verkaufen sie teuer weiter. Das kann aus den unterschiedlichsten Gründen geschehen. Eine Firma ist an der Börse unterbewertet und deshalb billig zu haben; oder sie steckt in einer Krise, weil sie schlecht gemanagt ist; oder sie hat Nachfolgerprobleme. Diese Firmen werden von Private-Equity-Firmen gekauft, saniert und dann wieder verkauft. Deshalb beschäftigen sie nicht nur Finanzexperten, sondern auch gewöhnliche Manager. Dazu ein Beispiel: Nach dem Grounding der Swissair war auch ihre Wartungsabteilung, die SR-Technics, vom Untergang bedroht. Tausende von hochqualifizierten Arbeitsplätzen waren in Gefahr. Eine Private-Equity-Firma erkannte das Potenzial des Unternehmens, kaufte SR-Technics spottbillig ein, restrukturierte das Unternehmen und verkaufte es schließlich nach ein paar Jahren mit Gewinn nach Dubai. In diesem Fall haben alle profitiert, die Arbeitnehmer von SR-Technics und die Investoren. Private-Equity-Firmen seien wie «Honigbienen», sagen deshalb ihre Befürworter. Sie saugen zwar Nektar aus den Blüten, aber bestäuben sie dabei auch und sorgen dafür, dass die Pflanzen weiter existieren.

Für andere hingegen sind Private-Equity-Firmen «Heuschrecken», die wie eine Plage über eine Industrielandschaft herfallen, alles kahl fressen und das Land verwüstet zurücklassen. Die Kritiker stützen sich dabei auf Beispiele wie den deutschen Privatsender Sat 1. Dieser wurde im Frühjahr 2007 von den beiden Private-Equity-Firmen Kohlberg Kravis Roberts (KKR) und Permira übernommen. Obwohl Sat 1 finanziell kerngesund war, wurde bald darauf ein Abbau von 70 Redaktionsstellen verordnet. Die Finanzinvestoren wollten den Profit massiv erhöhen und mit dem Sender eine Umsatzrendite von 30 Prozent erzielen, eine Gewinnvorgabe, die sich nur durch nackte Gier erklären lässt. Selbst in Kommentaren der konservativen Presse wurde deshalb geklagt, das bisschen an journalistischer Qualität, das beim Privatsender noch vorhanden gewesen sei, sei nun auf dem Altar eines überzogenen Renditedenkens geopfert worden.

KKR ist ein großer Name in der Branche. Berühmt wurde die Private-Equity-Firma schon in den Achtzigerjahren. Sie ging bei der legendären Übernahmeschlacht um RJR Nabisco, einem Nahrungs- und Tabakkonzern, als Sieger vom Platz. In «Die Nabisco-Story» ist diese Schlacht der Finanzgiganten von den beiden Journalisten Bryan Burrough und John Helyar im Detail beschrieben worden. Bis heute gilt sie als die «Mutter aller Übernahmeschlachten» und als Symbol des Zeitalters der Gier der Achtzigerjahre. KKR wird deshalb in einem Zug mit den «Raiders» genannt. Darunter versteht man Spekulanten, die Unternehmen feindlich übernehmen, ausschlachten und mit Gewinn weiterverhökern. Der Prototyp eines Raiders wird von Michael Douglas in Oliver Stones Film «Wall Street» verkörpert. Der zynisch-dämonische Finanzjongleur Gordon Geeko steht für alles, was den Kapitalismus in den Augen seiner Kritiker hassenswert macht, für Gier und emotionale Kälte. Geekos legendärer Spruch lautet: «Wer einen Freund braucht, der soll sich doch einen Hund zulegen.»

Die Raiders waren Einzelkämpfer und Außenseiter, Private-Equity-Firmen jedoch sind anerkannt und respektiert. Die Blackstone Group hat sogar von der chinesischen Regierung ein Vermögensverwaltungsmandat erhalten. CEO Schwarzman hat zudem angekündigt, einen großen Teil seines Milliardengewinns aus dem Börsengang in eine wohltätige Stiftung fließen zu lassen. Private-Equity-Firmen sind nicht nur respektabler geworden als die Raiders, sie sind für die Wirtschaft viel bedeutender. Ein typischer Raider war Werner K. Rey, der sich den Schweizer Schuhhersteller Bally, eine kleine, von den Aktionären vernachlässigte Firma, unter den Nagel gerissen und sofort mit großem Profit wieder verkauft hat. Die größten Private-Equity-Firmen denken in ganz anderen Dimensionen. In den USA spielen sie eine wichtige Rolle in der Autoindustrie. Chrysler und Delphi, ein wichtiger Zulieferer von General Motors, werden derzeit von Private-Equity-Firmen geleitet. Selbst die Manager der bedeutendsten multinationalen Unternehmen und der Großbanken müssen auf der Hut sein vor Private-Equity-Firmen.

Umgekehrt müssen sich Private-Equity-Firmen und Hedge-Fonds immer mehr gegen politische Attacken wappnen. Ihr phänomenaler Reichtum, ihre Geheimniskrämerei und ihr Ruf als rücksichtslose Kostensparer und Lohndrücker sorgen für ein wachsendes Unbehagen in weiten Teilen der Bevölkerung. Nicht nur linke Parteien und Gewerkschaften greifen dieses Unbehagen auf. Als nach dem Börsengang der Blackstone Group bekannt wurde, dass die Topmanager dabei nicht nur Milliarden kassieren, sondern auch noch Steuern sparen konnten, löste dies eine Steuerdebatte im US-Kongress aus. Auch das Mandat der chinesischen Regierung an Blackstone ist sehr zwiespältig aufgenommen worden (→ Staatsfonds).

Dank Steuerprivilegien ist London mittlerweile die inoffizielle Hauptstadt der Hedge-Fonds und Private-Equity-Firmen. Die

Begeisterung der Bevölkerung darüber hält sich in Grenzen, der Widerstand gegen die neue Finanzelite nimmt zu. Die Geldmanager sind zwar zu einem bedeutenden Wirtschaftsfaktor geworden, doch sie haben auch die Immobilienpreise explodieren lassen. Für den Normalbürger ist das Leben an der Themse schlicht nicht mehr zu bezahlen. Wer sich beispielsweise im Stadtteil Knightsbridge ein Haus kaufen will, muss entweder Hedge-Fonds-Manager, russischer Oligarch, arabischer Scheich, Rockstar oder Fußballer sein.

Ein Fall für James Bond

Private-Equity-Firmen beschäftigen immer wieder die Fantasie von Thrillerautoren und Verschwörungstheoretikern. Das bekannteste Beispiel ist die Carlyle Group. Sie wurde Ende der Achtzigerjahre von Stephen Norris und David Rubenstein gegründet. Ihr wichtigstes Mitglied war jedoch lange Frank Carlucci, einst Verteidigungsminister unter Ronald Reagan und ehemaliger hoher CIA-Beamter. Die Carlyle Group investierte in den Neunzigerjahren hauptsächlich in die Waffenindustrie. Sie finanzierte aber auch Privatarmeen wie die Military Professional Resources Incorporated. Diese aus pensionierten US-Militärs bestehende Firma hat unter anderem die kroatischen Truppen im Bürgerkrieg gegen die Serben beraten oder Kolumbien im Kampf gegen die Drogenmafia. Die Carlyle Group kontrollierte eine Zeit lang auch die private Schutztruppe des saudiarabischen Königshofs. Ihr werden enge Kontakte zum Bush-Clan nachgesagt. Zu ihren Geldgebern gehörte einst auch der Financier George Soros.

Das ist natürlich der Stoff, aus dem Legenden geboren werden. Zahlreiche Artikel und Bücher sind bereits über die Carlyle Group verfasst worden. Sie kommt im Dokumentarfilm «Fahrenheit 9/11» von Michael Moore prominent vor, und Hollywood hat ihr mindestens einen Film gewidmet, «The Manchurian Candidate». Heute wird die Carlyle Group vom ehemaligen IBM-Sanierer Lou Gerstner geleitet.

So viel haben die zehn bestbezahlten Hedge-Fonds-Manager im Jahr 2007 verdient:

1. John Paulson, Paulson & Co.: 3,7 Milliarden $
2. George Soros, Soros Fund Management: 2,9 Milliarden $
3. James Simons, Renaissance Technologies: 2,8 Milliarden $
4. Philip Falcone, Harbinger Capital Partners: 1,7 Milliarden $
5. Kenneth Griffin, Citadel Investment Group: 1,5 Milliarden $
6. Steven Cohen, SAC Captial Advisors: 900 Millionen $
7. Timothy Barakett, Atticus Capital: 750 Millionen $
8. Stephen Mandel Jr., Lone Pine Capital: 710 Millionen $
9. John Griffin, Blue Ridge Capital: 625 Millionen $
10. O. Andreas Halvorsen, Viking Global Investors: 520 Millionen $

Quelle: Alpha Maganzine

Die große Angst vor den Staats-Heuschrecken: Staatsfonds

Staatsfonds sind von professionellen Geldmanagern geführte Anlagevehikel, die dem Staat gehören. Sie werden zu immer bedeutenderen Investoren der globalisierten Wirtschaft.

Die beiden Ölkrisen in den Siebzigerjahren waren eine große Belastung für die Wirtschaft, aber auch eine Herausforderung für die Banken. Die Einnahmen der Erdöl produzierenden Länder explodierten (→ Peak Oil), die so genannten Petrodollars begannen, die westlichen Finanzmärkte zu überschwemmen. Wohin aber mit dem vielen Geld? Als ein staatlicher Fonds aus Kuwait eine beachtliche Beteiligung an Daimler Benz erworben hatte, breitete sich im Westen beinahe Panik aus. Man befürchtete, die arabischen Scheichs kauften mit ihrem sagenhaften Reichtum unsere Wirtschaft auf. Abwehrmaßnahmen wurden ergriffen. Schweizer Banken beispielsweise führten für kurze Zeit einen Negativzins ein. Das heißt, wer Petrodollars auf eine Schweizer Bank trug, erhielt dafür keinen Zins, sondern musste eine Gebühr bezahlen. Allmählich fanden die Banken eine Lösung für die Petrodollar-Flut: Sie leiteten das Geld der Scheichs in die Entwicklungsländer um, vorwiegend nach Südamerika. Dafür erhielten die Banker zunächst Lob. Erst später erkannten sie, dass sie damit die Basis für die Schuldenkrise der Achtzigerjahre gelegt hatten. Ein südamerikanischer Staat nach dem anderen erklärte sich außerstande, die Zinsen für seine Schulden zu bezahlen. Die Finanzmärkte bebten, die Banken mussten Milliarden abschreiben.

Kommt Ihnen das bekannt vor? Die Geschichte wiederholt sich tatsächlich, zumindest ansatzweise. Die Preisexplosion des Erdöls hat auch in den letzten Jahren zu einer Petrodollar-Flut geführt. Doch diesmal war an ein Umlenken dieser Gelder in die aufstrebenden Märkte Südamerikas nicht zu denken. Dank boomenden Rohstoffpreisen geht es diesen Ländern gut. Sie weisen Überschüsse in ihrer Handelsbilanz aus und haben keinen Kapitalbedarf. Die Petrodollars mussten andere Abnehmer finden, und sie taten es auch. Ein beträchtlicher Teil davon ist wieder in die Dritte Welt geflossen, aber in die «Dritte Welt innerhalb der USA». Das weisen die beiden Ökonomen Carmen M. Reinhart von der University of Maryland und Kenneth S. Rogoff von der Harvard University in einer Studie nach. Sie kommt zum Schluss, dass «über eine Billion Dollar in den Subprime-Hypothekenmarkt gelenkt wurde, in dem sich die ärmsten und am wenigsten kreditwürdigen Schuldner der Vereinigten Staaten befinden».

Im Sommer 2007 ist die amerikanische Immobilienblase geplatzt. Immer mehr amerikanische Schuldner konnten ihre Hypothekarzinsen nicht mehr begleichen. Zunächst schien das zwar ärgerlich, aber relativ harmlos. Ein paar Hedge-Fonds hatten sich verzockt, ein paar Banken zu leichtsinnig Kredite verliehen, die US-Notenbank Federal Reserve Systems (Fed) rechnete mit einem

Gesamtverlust von schlimmstenfalls 100 Milliarden Dollar. Doch dann setzte sich eine verhängnisvolle Spirale in Bewegung: Die Verluste der Hedge-Fonds führten dazu, dass die kompliziert strukturierten Wertpapiere (→ Derivate) nicht mehr gehandelt werden konnten. Niemand wusste, was sie noch wert waren. Das brachte die Banken in Nöte, die über große Bestände dieser Papiere verfügten, beispielsweise die UBS und die Citigroup. Beide mussten Abschreibungen in der Höhe von Dutzenden von Milliarden Franken resp. Dollar bekannt geben. Das wiederum führte dazu, dass diese Banken plötzlich auf neues Kapital angewiesen waren. Nicht nur waren die strukturierten Wertpapiere nicht mehr handelbar, es drohte auch die Gefahr, dass das Eigenkapital der Banken unter das von der internationalen Aufsichtsbehörde, der Bank für Internationalen Zahlungsausgleich, geforderte Niveau fallen könnte.

Erneut kommen die Staatsfonds zum Zug, diesmal in der Rolle des Retters in höchster Not. Bei der UBS beteiligt sich ein Staatsfonds aus Singapur und ein unbekannter Investor aus dem arabischen Raum. Bei der Citigroup springt ein Fonds aus Abu Dhabi ein, bei Morgan Stanley die Chinesen. Wieder macht sich im Westen ein Anflug von Panik breit: Kaufen die Ölscheichs und die autoritären Staaten Asiens jetzt unsere Wirtschaft auf?

Das Geld dazu hätten sie. Die schiere Größe der «Staatsheuschrecken» macht Angst. Anfangs 2008 verfügten die wichtigsten Fonds über ein Vermögen von rund drei Billionen (3000 Milliarden) Dollar. Das entspricht dem Wert von über zwei Prozent der weltweit gehandelten Wertpapiere (165 Billionen Dollar). Die Staatsfonds, manchmal auch SWF abgekürzt (von Sovereign Wealth Funds), verfügen damit über mehr Kapital als alle Hedge-Fonds oder Private-Equity-Firmen zusammen. Und sie wachsen nach wie vor kräftig. Simon Johnson, Chefökonom des Internationalen Währungsfonds, schätzt, dass ihr Vermögen im Jahre 2012 den Stand von zehn Billionen Dollar erreichen wird.

Dieses Riesenvermögen stammt aus zwei unterschiedlichen Quellen: Bei den Ölländern ist es eine logische Folge der hohen Ölpreise. Sie versuchen mit diesen Fonds, wenigstens einen Teil der Gewinne aus einem nicht erneuerbaren Rohstoff ihren Nachkommen zu vermachen. Das ist nicht nur moralisch einwandfrei, das ist auch ökonomisch sinnvoll. Anders sieht es bei Ländern wie Singapur oder China aus. Dort werden die Staatsfonds aus den Exportüberschüssen und der Sparwut der Bevölkerung gespeist. Gleichzeitig altern auch diese Gesellschaften sehr rasch. Die chinesische Notenbank verfügte Anfang 2008 über Devisenreserven in der Höhe von 1,7 Billionen Dollar, eine Billion mehr als zur Sicherung des Wechselkurses des Yuan nötig wäre. Wenn sie dieses Geld über Staatsfonds sinnvoll anlegt, dann könnte das beispielsweise der Grundstock für eine Altersvorsorge der Bevölkerung sein. Bei beiden, bei den Ölländern und bei den Asiaten, ist die Motivation für Staatsfonds nicht das Aufkaufen der westlichen Wirtschaft, sondern die Sicherung der Sozialwerke. So gesehen gibt es eigentlich keinen Grund, die «staatlichen Heuschrecken» zu fürchten.

Trotzdem sind nicht alle Staatsfonds gleich. Angenommen, ein norwegischer SWF würde eine substanzielle Beteiligung bei der Swisscom oder bei der Deutschen Post erwerben, dann würde dies kaum für politischen Ärger oder Schlagzeilen in der Boulevardpresse sorgen. Was aber, wenn ein iranischer Staatsfonds das Gleiche täte? Mit Sicherheit würde die Volksseele in der Schweiz oder in Deutschland überkochen. Das ist mehr als eine Hypothese: Als DP World, ein von Dubai kontrolliertes Logistikunternehmen, die britische Frachtfirma P&O übernehmen wollte, brach ein politischer Proteststurm los. P&O betreibt mehrere Häfen in den USA. Amerikanische Häfen in arabischen Händen in Zeiten des «Kriegs gegen den Terror»? Undenkbar. Der Kongress zwang den Präsidenten, den Handel zu verhindern, obwohl gerade Dubai und die Arabischen Emirate treue Verbündete der USA sind.

Staatsfonds sind ihrem Wesen nach gleich wie Hedge-Fonds. Es sind kapitalistische Investoren, sie suchen eine anständige Rendite und wollen dabei möglichst im Hintergrund bleiben. Deshalb geben sie sich vorläufig auch mit Minderheitsbeteiligungen zufrieden und legen keinen Wert darauf, in den Aufsichtsgremien der Firmen vertreten zu sein. Grundsätzlich jedoch können auch Staatsfonds ihre Aktionärsrechte wahrnehmen (→ Corporate Governance). Wer wollte sie daran hindern? Und sie werden es auch tun. So hat die norwegische Finanzministerin Kristin Halvorsen in der «Financial Times» die Position ihrer Regierung bezüglich Staatsfonds und Aktionärsrechte unmissverständlich klar gemacht. «Wir fördern die ethische Grundlage unserer Staatsfonds, indem wir unsere Rechte als Eigentümer ausüben und indem wir bestimmte Unternehmen aus dem Fonds ausschließen.» Was den Norwegern recht ist, wird aber auch den Chinesen und Iranern billig sein. Deshalb wäre es naiv zu glauben, Staatsfonds würden je wie ganz normale Investoren behandelt werden. Wenn sie sich in politisch sensible Bereiche einkaufen, werden auch die härtesten Hardliner des Kapitalismus weich. Als 1987 ein Staatsfonds aus Kuwait 20 Prozent der British Petroleum kaufte, musste er kurz darauf die Hälfte wieder abgeben. Grund: Die «eiserne Lady» herself, Margaret Thatcher, wollte es so.

Wer überwacht die Überwacher? Corporate Governance

Corporate Governance, der Begriff, der aussieht wie ein Tippfehler, hat eines der heikelsten Thema des modernen Kapitalismus zum Gegenstand: das Verhältnis von Eigentümern und Managern.

Marktwirtschaft ist grundsätzlich eine egoistische Angelegenheit. Ihr geistiger Vater, Adam Smith, hat diese viel zitierte Idee wie folgt formuliert: «Wir erwarten nicht, dass wir unser Essen dank der Barmherzigkeit des Metzgers, des Brauers oder des Bäckers erhalten, sondern weil diese auf ihren eigenen Vorteil bedacht sind. Wir verlassen uns nicht auf ihre Menschlichkeit, sondern auf ihren Egoismus, und wir sprechen nicht von unseren Bedürfnissen, sondern von ihren Vorteilen.»

Egoismus plus die unsichtbare Hand des Wettbewerbs gleich Wohlstand. Diese Gleichung ist das ideelle Fundament, auf dem der Kapitalismus seit Adam Smith ruht. Seit 1776 hat sich daran nichts geändert. In jenem Jahr ist Smiths epochales Werk «Der Wohlstand der Nationen» erschienen, das seither als Bibel des

Kapitalismus gilt. Geändert haben sich aber die Kapitalisten. Aus den Metzgern, Brauern und Bäckern sind McDonald's, Coca-Cola und Nestlé geworden, globale Unternehmen mit hunderttausenden von Mitarbeiterinnen und Mitarbeitern und sehr unterschiedlichen Aktionären. Bei Smith waren Unternehmer und Manager, Eigentümer und Geschäftsführer in der Regel ein und dieselbe Person. Doch auf welchen Egoismus verlassen wir uns bei einer Publikumsgesellschaft, auf den Egoismus der verschiedenen Aktionäre, denen die Gesellschaft gehört, oder auf den Egoismus der Manager, die sie führen? Dieses Problem versucht die Corporate Governance zu regeln.

Die Frage der Machtverteilung hat sich in der zweiten Hälfte des 20. Jahrhunderts massiv verschärft. Schuld daran ist die Entwicklung des so genannten Pensionskassen-Kapitalismus. Die Altersvorsorge-Vehikel des Mittelstandes und die anderen institutionellen Anleger (Versicherungen, Kreditinstitute, Kleinanlegerfonds) werden zu immer wichtigeren Investoren und sind Eigentümer von immer größeren Teilen der Wirtschaft. In der Schweiz beispielsweise haben Pensionskassen etwa zehn Prozent ihres Gesamtvermögens in Aktien investiert. Insgesamt besitzen die institutionellen Anleger etwa zwei Drittel der großen Publikumsgesellschaften der Schweiz. In den USA sind die Verhältnisse ähnlich. In Deutschland spielen die Banken als Eigentümer nach wie vor eine wichtige Rolle. Doch auch hier werden sie allmählich ersetzt.

Corporate Governance ist eine nationale Angelegenheit, jedes Land hat seine eigenen Gesetze. Trotzdem sind global gesehen drei allgemeine Trends zu beobachten: Corporate Governance soll die Transparenz für die Aktionäre erhöhen, sie soll die Unabhängigkeit der Aufsichtsbehörde sicherstellen (in Deutschland ist dies der Aufsichtsrat, in der Schweiz der Verwaltungsrat und in den USA die Board of Directors) und sie soll für ein gerechtes Entlöhnungssystem des Managements sorgen.

Weil immer mehr Geld aus der Altersvorsorge und anderen Versicherungen an die Börse fließt, nimmt auch die staatliche Kontrolle zu. In den USA beispielsweise sorgt der Employee Retirement Income Security Act (Erisa) mit strengen treuhänderischen Regeln dafür, dass Pensionskassengelder korrekt verwaltet werden. Dazu gehört das aktive Ausüben des Stimmrechts. Das heißt, Pensionskassen können nicht nur Aktien kaufen, sie müssen auch die damit verbundenen Aktionärsrechte wahrnehmen. Weil in Europa die Banken lange viel wichtiger waren als die Aktionäre, ist dieses Bewusstsein weit weniger stark ausgeprägt. Sehr viele institutionelle Anleger kümmern sich nicht um die Aktionärsrechte. Das hat in der Praxis dazu geführt, dass Firmen wie Nestlé, UBS, Swiss Re oder Novartis Eigentümer haben, die sie nicht einmal kennen. Rund die Hälfte der Aktionäre dieser Unternehmen lassen sich erst gar nicht ins Aktienregister eintragen.

Ist die Katze aus dem Haus, tanzen bekanntlich die Mäuse. Manager nutzen die Freiheiten, die sie erhalten, wenn sich die Eigentümer nicht um ihr Eigentum kümmern. Die Aufsichtsgremien werden in diesem Fall zu Marionetten des Managements, der Vorsitzende der Geschäftsleitung oder, wie er heute meist genannt wird, der Chief Executive Officer (CEO), wird allmächtig. Er kann sich seine Aufsichtsratsmitglieder sozusagen im Golfclub zusammenstellen und muss nicht fürchten, mit unangenehmen Fragen konfrontiert zu werden. Die Folgen für die Aktionäre können bisweilen wenig erfreulich sein, denn das Geld der anderen gibt man bekanntlich leicht aus. Anstatt in Dividenden oder höhere Kurse zu fließen, werden dann Unternehmensgewinne für den Kauf von Firmenjets verwendet, in denen Frauen, Freundinnen oder gar ihre Hunde rund um den Globus transportiert werden. Andere CEOs führen sich als großzügige Kulturmäzene auf – mit Geld der Firma natürlich – oder lassen großzügige Boni-Programme für sich selbst absegnen.

Eine andere Gruppe, die ebenfalls von nachlässigen Eigentümern profitiert, sind die so genannten Raiders. Darunter versteht man rücksichtslose Spekulanten, die Unternehmen aus reinen Profitgründen angreifen und ausschlachten (→ Private Equity). Raiders nutzen den Umstand aus, dass man bei fehlender Corporate Governance schon mit einem relativ kleinen Anteil an Aktien großen Einfluss ausüben kann. Sie vertreten ihre Aktionärsrechte sehr aggressiv, verlangen Einsitz in die Aufsichtsgremien, eine neue Strategie, kurz, sie machen dem Management und dem alten Verwaltungsrat das Leben so schwer wie möglich. Gleichzeitig lassen sie durchblicken, dass sie gerne bereit sind abzuziehen, wenn man ihnen ihre Aktien zu einem guten Preis wieder abkauft.

Dieses Vorgehen nennt man «Greenmailing». Es handelt sich dabei um ein Wortspiel aus dem englischen Wort «blackmailing» (erpressen) und der grünen Farbe der Dollarnoten. Greenmailing ist bei ruchlosen Spekulanten nach wie vor eine beliebte Praxis, aber die Greenmailer haben auch eine Gegenbewegung auf den Plan gerufen, die Shareholder-Aktivisten. Diese Bewegung ist in den Achtzigerjahren in den USA entstanden, und zwar vor allem bei Pensionskassen von Angestellten des öffentlichen Dienstes. Der konkrete Anlass war eine Greenmail-Attacke von T. Boone Pickens auf das Unternehmen Philips Petroleum. Weshalb sollte dieser notorische Raider für seine Aktien mehr erhalten als sie, fragten sich die Pensionskassen-Manager und beschlossen, sich zu wehren. Sie gründeten den Council of Institutional Investors, verlangten von Philips Petroleum die gleichen Rückkaufbedingungen ihrer Aktien und hatten damit Erfolg.

Die Pensionskassen hatten ihre Macht demonstriert. Heute gehören Calpers, die Kasse der kalifornischen Staatsangestellten, und Tiaa-Cref, die Pensionskasse der amerikanischen Lehrer, zu den mächtigsten Investoren der Welt. Sie haben Chefs namhafter Unternehmen wie GM, Texaco oder Heinz zum Rücktritt gezwungen und sind dabei auch vor ruppigen Maßnahmen nicht zurückgeschreckt. So hat Calpers eine Zeit lang eine «Liste der schlimmsten CEOs von Amerika» publiziert und damit Angst und Schrecken in den Teppichetagen verbreitet. Kein CEO einer amerikanischen Publikumsgesellschaft wird es heute unterlassen, sie auf seiner Roadshow zu besuchen, mit anderen Worten: Er wird persönlich bei Calpers in Sacramento vorbeischauen und dort seine Firma präsentieren und sich den kritischen Fragen stellen.

Den Shareholder-Aktivisten geht es nicht immer nur um Geld, sie haben oft auch politische Anliegen. In den USA haben die Gewerkschaften einen beträchtlichen Einfluss auf die Pensionskassen und versuchen deshalb, ihre Interessen auch auf dem Weg der Aktionärsrechte durchzusetzen, und kirchliche Gruppierungen tun es ihnen gleich. Die wichtigsten haben sich im Interfaith Center on Corporate Responsibility (ICCR) zusammengeschlossen. ICCR will die Menschenrechte im Geschäftsleben durchsetzen und tut dies oft mit Erfolg. Die Aktivisten des ICCR haben mitgeholfen, das südafrikanische Apartheidregime zu Fall zu bringen, indem sie Unternehmen dazu zwangen, ihre Geschäftsbeziehungen mit Johannesburg und Kapstadt abzubrechen. ICCR war eine treibende Kraft hinter der Kampagne gegen die unhaltbaren Bedingungen, unter denen Nike seine Turnschuhe in Asien produzieren ließ, und hat die Kampagne gegen die Tabakindustrie mitinitiiert.

In den USA hat die Aktionärsdemokratie eine viel längere Tradition als in Europa. Doch auch auf dem alten Kontinent beginnt dieses Denken Fuß zu fassen. In der Schweiz beispielsweise ist die Stiftung Ethos nach dem Vorbild von ICCR gegründet und zu einer festen Größe an den Generalversammlungen der Publikumsgesellschaften geworden. Ihre Tätigkeit löst auch in der Öffentlichkeit immer mehr Echo aus. So hat Ethos in den Diskussionen um das Doppelmandat bei Nestlé, der Frage, ob eine Person gleichzeitig Präsident des Verwaltungsrats und operativer Chef sein könne, eine zentrale Rolle gespielt. Ethos-Studien über Managereinkommen sorgen ebenfalls für Schlagzeilen. Mittlerweile beginnen sich auch die Pensionskassen zu regen. Sie werden von ihrem Verband gedrängt, ihrer treuhänderischen Verantwortung wahrzunehmen und ihr Aktienstimmrecht auszuüben.

Corporate Governance ist inzwischen sehr viel mehr als ein schwer auszusprechender Begriff, sie ist eine Industrie geworden. Juristen und Treuhänder beraten Unternehmen und Aktivisten, wie sie sich im Dschungel des Regelwerkes zurecht finden können, und dieser Dschungel wird immer dichter. Dafür sorgen Skandale wie Enron, WorldCom und Parmalat. In den USA ist im Jahr 2002 deswegen der so genannte Sarbanes-Oxley Act in Kraft getreten, ein Gesetz, das die Haftpflicht für Manager deutlich erhöht (→ Börsengang). Auch in der Schweiz will der Bundesrat bei der Revision des Aktienrechtes mehr Gewicht auf Aktionärsdemokratie und Corporate Governance legen. Deutschland hingegen ist diesbezüglich noch ein ziemliches Entwicklungsland.

Die Gerechtigkeitslücke

Eine gerechte Entlöhnung der Manager ist nicht nur eine wichtige Aufgabe der Corporate Governance, die Managerlöhne sind auch gesellschaftspolitisch zu einer brisanten Frage geworden. Dabei zeichnet sich ein Stimmungswechsel ab: Lange wurde die vorwiegend von der Linken geäußerte Kritik an den explodierenden Managergehältern von der bürgerlichen Politik ignoriert. Die Leistung der Manager müsse angemessen entlöhnt werden, sie nütze allen, die Kritik daran sei moralisch ebenso verwerflich wie ökonomisch unsinnig. Doch seit im Herbst 2007 Bankmanager mit dreistelligen Millionenabfindungen bedacht wurden, obwohl sie Milliarden vernichtet hatten, und CEO zweistellige Millionengehälter kassieren, obwohl sich der Wert ihrer Unternehmen nicht vergrößert hat, schlägt die Stimmung um. Selbst bürgerliche Politiker stimmen immer lauter in den Chor der Kritiker der Managergehälter ein. Nicht mehr von «Neidgesellschaft» ist die Rede, sondern von einer «Gerechtigkeitslücke».

Allerdings: Die «Gerechtigkeitslücke» lässt sich nicht immer leicht ausmachen. Das zeigt das Beispiel von zwei deutschen Topmanagern der Autoindustrie: Wendelin Wiedeking wurde 1992 Chef von Porsche. Der Sportwagenhersteller stand damals kurz vor dem Bankrott, Wiedeking musste mit seinem Privatvermögen haften, damit er von den Banken noch Kredit erhielt. Zwei Jahre später schrieb Porsche wieder schwarze Zahlen. Aus Dankbarkeit garantierten ihm die Eigentümer, die Familien Porsche und Piëche, einen Teil des Unternehmensgewinns, gerüchteweise soll es sich um 0,9 Prozent handeln. Wiedeking hat den Wert des Unternehmens von rund 300 Millionen auf 25 Milliarden Euro gesteigert, 2007 betrug der Unternehmensgewinn 5,9 Milliarden Euro. Das Jahresgehalt des Porsche-Chefs lag deshalb bei 53 Millionen Euro, Wiedeking wurde zum bestbezahlten Manager Deutschlands. Trotzdem ist er bei den Porsche-Mitarbeitern unumstritten. Sie wissen, dass er ihren Arbeitsplatz gerettet hat, Neid ist kein Thema.

Ganz anders liegt der Fall Jürgen Schrempp. Der ehemalige Chef von Daimler-Benz hatte durch die Fusion mit Chrylser einen der kostspieligsten Flops der deutschen Nachkriegsgeschichte produziert. Er selbst hat davon jedoch profitiert, und zwar wie folgt: Nebst seinem Millionengehalt erhielt Schrempp auch Aktienbezugsscheine (→ Stock Options). Zur Zeit seiner Amtsführung wurden diese Optionen immer billiger, weil der Aktienkurs des Unternehmens fiel. Als sein Nachfolger Dieter Zetsche sich mit hohen Verlusten wieder von Chrysler trennte, stieg der Aktienkurs von Daimler-Benz an, und ebenso der Wert der Optionen, die Schrempp zuvor billig erhalten hatte. Insgesamt hat seine falsche Strategie Zehntausende von Menschen den Job und die Aktionäre Milliarden von Euro gekostet. Schrempp selbst dürfte dank der billigen Optionen mehr als 50 Millionen Euro verdient haben. Damit wird er zum Paradefall in der Diskussion um die Gerechtigkeitslücke.

Vorbild oder Alibiübung?
Corporate Social Responsibility

Die Corporate Social Responsibility (CSR) ist die Ergänzung zur Corporate Governance (CG). Während es bei dieser um das Verhältnis von Eigentümern und Managern geht, regelt die CSR die Verantwortung eines Unternehmens gegenüber der Gesellschaft und der Umwelt.

TNT ist die holländische Antwort auf das weltweit tätige Logistikunternehmen FedEx. TNT ist ein Unternehmen, das sehr hohe moralische Ansprüche an sich stellt. So hat Firmenchef Peter Bakker den Privatjet des Unternehmens verkaufen lassen. Er passe einfach nicht mehr in die Zeit der voranschreitenden Klimaerwärmung, findet Bakker. Da er auch mit seinem privaten Verhalten ein Vorbild für seine Mitarbeiter sein will, hat er seinen Porsche gegen einen umweltverträglicheren Toyota Prius eingetauscht. Mit diesem Hybridauto ist er von Amsterdam nach Davos ans World Economic Forum gefahren. Die soziale Verantwortung nimmt TNT mit dem Programm «Moving the World» wahr. Es handelt sich dabei um einen Notfalldienst, bei dem rund 50 Mitarbeiterinnen und Mitarbeiter in ständiger Einsatzbereitschaft sind. Sie können bei Bedarf innerhalb von 48 Stunden jeden Flecken der Welt erreichen und erste Hilfe leisten. TNT betreibt diesen Dienst nicht auf eigene Faust, sondern als Partner der UNO-Organisation World Food Programm. Seit der Tsunami Ende 2004 in Asien Tod und Schrecken verbreitete, war das TNT-Team schon mehr als zwei Dutzend Mal im Einsatz. Zudem helfen die Holländer, die Versorgungsketten der Ärmsten zu verbessern, beispielsweise die Belieferung von Schulkantinen in Liberia oder im Kongo. Was verspricht sich die Firma von diesem selbstlosen Handeln? «Es ist gut für die Moral unserer Mitarbeiter», sagt der Programmleiter Ludo Oelrich. «Es gibt TNT eine Seele.»

TNT ist kein Einzelfall. Corporate Social Responsibility hat sich in den Unternehmen rasch verbreitet. Und sie wird ernst genommen. Eine Umfrage der Zeitschrift «Economist» Anfang 2008 hat ergeben, dass nur noch vier Prozent aller Managerinnen und Manager die Meinung vertreten, CSR sei eine «Verschwendung von Zeit und Geld». Die meisten Manager denken über CSR-Programme nach und sind bereit, über ihren eigenen Schatten zu springen. Es ist üblich geworden, dass Unternehmen heute mit den einst verhassten Hilfswerken und Nicht-Regierungs-Organisationen (NGOs) zusammenarbeiten. So betreibt Coca-Cola zusammen mit Greenpeace ein Programm zum Schutz von Wasserreserven. «Vor zehn Jahren wäre es noch undenkbar gewesen, dass sich ein Coca-Cola-Manager auch nur im gleichen Raum wie ein Greenpeace-Mitarbeiter aufhält», sagt dazu der Chef des Getränkeherstellers, Neville Isdell. Für Wal-Mart-CEO Lee Scott war der Hurrikan Katrina ein Schlüsselerlebnis. Bei dieser Umweltkatastrophe, die vor allem New Orleans getroffen hat, sei ihm schlagartig klar geworden, dass der amerikanische Detailriese über ein enormes Potenzial verfüge, nicht nur seinen Kunden zu dienen, sondern dem ganzen Land, «ja selbst der ganzen Welt».

Ist jedoch umgekehrt die Welt an den CSR-Bemühungen der Unternehmen interessiert? Anders ausgedrückt: Entspricht die CSR überhaupt einem Bedürfnis der Kunden? Zwei Forscher der Harvard University, Michael Hiscox und Nicholas Smyth, haben dazu 2005 in einem Haushaltswarengeschäft in New York ein Experiment durchgeführt. Sie haben dabei Badetücher mit der folgenden Aufschrift versehen: «Diese Tücher sind unter fairen Arbeitsbedingungen hergestellt worden, an einem sicheren und gesunden Arbeitsplatz, frei von Diskriminierung, an dem Manager die Rechte und die Würde der Arbeitnehmer respektieren.» Die gleichen Tücher wurden mit und ohne Aufschrift verkauft. Fünf Monate untersuchten die Forscher, was geschah, wenn bei einer Gruppe die Preise erhöht oder wenn Tücher ausgetauscht wurden. Die Resultate waren erstaunlich: Die Tücher mit dem Fairness-Label verkauften sich nicht nur deutlich besser als die ohne, sie verkauften sich auch besser, wenn der Preis angehoben wurde. Kein Wunder also, dass solche Aufschriften immer häufiger im Supermarkt anzutreffen sind, von der fairen Banane bis zur umweltschonenden Glühbirne. Aber Vorsicht: Mit diesen Labels kann auch Unfug getrieben werden, absichtlich oder unabsichtlich. So irren sich Mitteleuropäer, wenn sie glauben, sie würden dem Klima einen Gefallen tun, wenn sie keine Blumen mehr aus Kenia kaufen. In den holländischen Treibhäusern wird sechsmal mehr CO^2 produziert als auf afrikanischen Feldern plus Flug nach Europa. Konsumentinnen und Konsumenten sind deshalb misstrauisch geworden. Zudem ist nach wie vor insgesamt nur eine

Minderheit bereit, einen deutlichen Preiszuschlag für Produkte zu berappen, die unter CSR-Kriterien hergestellt worden sind.

Die CSR ist insgesamt kein Geschäft, die gute Moral zahlt sich unter dem Strich nicht aus. Das hat eine Auswertung von 167 Studien, die in den letzten 35 Jahren zu diesem Thema gemacht worden sind, ergeben. Sie kommt zum Schluss, dass sich kein Zusammenhang zwischen CSR und Rentabilität eines Unternehmens nachweisen lässt. Tröstlich ist bloß, dass das auch umgekehrt gilt: Moral kostet nichts. CSR vernichte keinen Shareholder Value, ist ein weiterer Befund dieser Studie. Wenn aber CSR nicht rentiert, dann steht Zwist ins Haus. Die Eigentümer werden misstrauisch. Sie erinnern sich daran, dass der Vater des modernen Kapitalismus, Milton Friedman, erklärt hat: Die einzige soziale Verantwortung, die ein Unternehmen hat, ist es, Gewinn für seine Aktionäre zu erwirtschaften. Ist CSR somit nichts anderes als ein Versuch der Manager, sich auf Kosten der Aktionäre ein gutes Gewissen zu kaufen?

Genau diese Kritik bringt etwa die «Neue Zürcher Zeitung» vor, ein Blatt, das sich als Gralshüter des klassischen Liberalismus versteht. NZZ-Wirtschaftschef Gerhard Schwarz mokiert sich über das «unternehmerische Gutmenschentum», das Manager gerne an den Tag legen: «Gerade die Irrungen der Finanzbranche rufen einem in Erinnerung, wie wichtig es wäre, dass Unternehmer und Manager sich zuerst und vor allem darum bemühten, ihre weiß Gott schwierigen Aufgaben souverän zu meistern, statt sich um Soziales, Klima, Gerechtigkeit, Frieden und all die anderen wichtigen Dinge auf dieser Welt zu kümmern.»

Nicht nur traditionelle Kapitalisten können der CSR nichts abgewinnen, auch etliche Kapitalismuskritiker halten nichts davon.

Einer dieser Kritiker ist Robert Reich, Wirtschaftsprofessor und ehemaliger Arbeitsminister der USA (→ Superkapitalismus). Er hält die CSR für ein Missverständnis, für eine gefährliche Vermischung von privater und gesellschaftlicher Sphäre. «Gesellschaftliche Verantwortung von Unternehmen als neue Form des demokratischen Kapitalismus zu verstehen, bedeutet, die Logik des Superkapitalismus zu verkennen», stellt Reich fest und fordert stattdessen: «Wir müssen neue Spielregeln aufstellen, die das Gemeinwohl schützen und fördern und die den Superkapitalismus an der Übernahme der Politik hindern.» Anders ausgedrückt: CSR ist letztlich nichts anderes als ein Täuschungsmanöver. Kein Unternehmen kann es sich längerfristig leisten, gegen die Friedman-Maxime der Gewinnoptimierung zu verstoßen. Verantwortung gegenüber der Gesellschaft und der Umwelt muss deshalb der Staat mit Gesetzen erzwingen.

Die Kritik an der CSR kann man nicht einfach vom Tisch wischen. Sie wird tatsächlich immer wieder als billige PR missbraucht. Trotzdem greift diese Kritik zu kurz. CSR kann auch als aufgeklärtes Selbstinteresse betrachtet werden. Unternehmen profitieren davon, wenn sie in einer funktionierenden Gesellschaft beheimatet sind und von der Gemeinschaft als verantwortungsbewusste Mitbürger respektiert werden. Verantwortungsbewusstsein für Gesellschaft und Umwelt wiederum eröffnet neue Geschäftsmöglichkeiten. Grüne Technologien und alternative Energien boomen im Zeitalter des Klimawandels. Biolabels nützen nicht nur der Umwelt, sondern auch dem Umsatz. Motivierte Mitarbeiter wie bei TNT bringen bessere Leistung, mehr Kundenzufriedenheit und damit langfristig auch mehr Gewinn.

Das sieht auch die EU-Kommission so. In einem ausführlichen

Bericht zur CSR, der Anfang 2008 veröffentlich wurde, kommt sie zu folgendem Schluss: CSR ist zu einer zentralen Tätigkeit erfolgreicher Unternehmen geworden, denn Firmen, die ihre Umwelt mit wachem Auge verfolgen, zeichnen sich auch durch große Innovationsfähigkeit aus.

Shareholder gegen Stakeholder

Welchen Interessen ist ein Unternehmen verpflichtet? Die klassisch-liberale Antwort darauf lautet: Nur dem Aktionär. Mit der wachsenden Bedeutung des Aktionärs ist in den letzten 30 Jahre auch der Shareholder Value immer wichtiger geworden. Die Kritiker dieses reinen Profitstrebens berufen sich auf das Prinzip der Stakeholder. Darunter versteht man verschiedenste Gruppen, die nebst den Eigentümern einen Anspruch an das Unternehmen geltend machen können. Die gängigsten dieser Anspruchsgruppen sind: Mitarbeiter, Gläubiger, Kunden, Lieferanten, Manager, Staat und Gesellschaft. So gesehen ist die Corporate Social Responsibility ein Sonderfall des Stakeholder-Prinzips. Die Vertreter des Stakeholder-Prinzips sind auch bemüht, diesem Ansatz einen betriebswirtschaftlichen Rahmen zu verleihen. Im Zusammenhang mit der CSR wird deshalb von einer «triple bottom line» gesprochen. «Bottom line» ist der englische Ausdruck für «was unter dem Strich bleibt». Normalerweise ist damit der Gewinn gemeint. Bei der «triple bottom line» kommt der möglichst messbare Nutzen hinzu, den ein Unternehmen für die Umwelt und die Gesellschaft hat.

Die globalisierte Wirtschaft

Der Sturm der schöpferischen Zerstörung: Die flache Welt der Globalisierung

Im 21. Jahrhundert ist die Welt «flach» geworden, der Wettbewerb dank moderner Informationstechnologie global. Die USA bleiben zwar die unbestrittene Supermacht, doch China und Indien entwickeln sich zu Herausforderern des Westens.

Der Begriff «schöpferische Zerstörung» ist in der Ökonomie allgegenwärtig. Kein Artikel über wirtschaftlichen Wandel, kein Vortrag über die Bedeutung der Innovation, in dem dieser Ausdruck nicht auftaucht. Geprägt wurde der Begriff von Joseph Schumpeter (1883–1950), einem österreichischen Ökonomen, der eigentlich Tscheche war und den größten Teil seines akademischen Lebens an der Harvard University in Cambridge bei Boston verbrachte. Schumpeter war ein exzentrischer Mann. Zu den Sitzungen der Fakultät in Harvard erschien er oft in Reitstiefeln, denn er hatte sich im Leben drei Ziele gesetzt: Er wollte der beste Reiter, der beste Liebhaber und der beste Ökonom seiner Zeit sein. Die letzten beiden Ziele hat er nach eigener Einschätzung erreicht, das letzte wohl wegen seiner Theorie der «schöpferischen Zerstörung».

Wie kommt es überhaupt zu Innovation und wirtschaftlichem Wachstum? Diese eminent wichtige Frage wird erstaunlicherweise von der traditionellen Ökonomie nicht beantwortet, ja nicht einmal gestellt. Ihre Theorien befassen sich nicht damit, wie eine Volkswirtschaft entsteht, sondern sie gehen davon aus, dass diese bereits existiert. Mit anderen Worten: Die traditionelle Ökonomie setzt implizit voraus, dass Produzenten über Ressourcen und Konsumenten über Waren verfügen. Sie kümmert sich primär darum, wie die Erzeugnisse der Volkswirtschaft optimal, das heißt mit dem größten Wohlstandseffekt, verteilt werden. Dazu bedient sie sich der Gesetzmäßigkeiten des ersten Gesetzes der Thermodynamik. Dieses besagt, dass die Summe der Energie in einem System immer gleich bleibt. Das System befindet sich somit grundsätzlich in einem Gleichgewicht. Dieses Gleichgewicht wird immer wieder von äußeren Schocks gestört, aber nur solange, bis sich ein neues Gleichgewicht eingependelt hat. Gleichgewichtssysteme ruhen in sich selbst und sind statisch, Wachstum und Innovation hingegen sind dynamisch und verursachen Wandel.

Schumpeter hat mit seiner «schöpferischen Zerstörung» dafür gesorgt, dass Innovation und Wandel nicht mehr äußere Kräfte des ökonomischen Systems bleiben, sondern dass sie internalisiert werden. Er erkannte, dass nichts Neues entsteht, wenn man bloß hinzufügt. Eine seiner bekanntesten Aussagen lautet: «Man kann noch so viele Postkutschen zusammenfügen, es wird nie eine Eisenbahn draus.» Deshalb plädiert er dafür, dass es innerhalb des Systems Kräfte brauche, die das Gleichgewicht immer wieder aus der Balance bringen und Innovationen ermöglichen. Genau dafür sorgen die Unternehmer und Manager. Sie werden bei Schumpeter zu Helden der Wirtschaft, weil sie den technologischen Fortschritt bündeln und diese geballte Ladung Innovation auf die Märkte loslassen. Schumpeter hat damit zwei Fliegen mit einer Klappe geschlagen: Er hat die Innovation ins Modell der traditionellen Ökonomie integriert – und er ist gleichzeitig zum erklärten Lieblings-Ökonomen der Unternehmer und Manager geworden.

Das Internet ist derzeit das klassische Beispiel eines Sturms der «schöpferischen Zerstörung». Begonnen hat es allerdings als laues Lüftchen: In den Sechzigerjahren diente es den Militärs als ein sicheres, die Welt umspannendes Computersystem. Dann wurde das Internet rund 20 Jahre lang hauptsächlich von Akademikern genutzt und war in der Öffentlichkeit nicht bekannt. In der zweiten Hälfte der Neunzigerjahre breitete sich das Internet plötzlich explosionsartig aus. Wie lässt sich dieser rasche Umschwung erklären? Einerseits waren dafür technologische Fortschritte wie bessere und billigere Modems und benutzerfreundlichere Interfaces verantwortlich. Ebenso entscheidend ist aber, dass in diesen Jahren das Internet eine Art kritische Größe erreichte und damit das einsetzte, was «Netzwerk-Effekt» genannt wird.

Was darunter zu verstehen ist, schildert Eric D. Beinhocker in seinem Buch «Die Entstehung des Wohlstandes» an folgendem Beispiel: Stellen Sie sich 1000 Knöpfe auf dem Boden verstreut vor. Sie haben Faden zur Verfügung und dürfen jeweils zwei willkürlich gewählte Einheiten zusammenbinden. Zuerst werden Sie viele Zwei-Knopf-Verbindungen schaffen. Mit der Zeit jedoch wird es immer weniger unverknüpfte Knöpfe geben, sie werden Clusters aus drei, dann vier, dann fünf Knöpfen machen. Sie knüpfen weiter, und jetzt beginnt sich der Charakter des Systems plötzlich zu ändern. Immer größere Einheiten, so genannte Superclusters, entstehen. Es ist ähnlich wie bei Wasser: Zwischen 0 und

100 Grad Celsius ist es Wasser, doch darüber und darunter ändert es sein Wesen, es wird Eis oder Dampf. Das gleiche Prinzip gilt auch bei den Knöpfen. Wenn eine gewisse Zahl Verknüpfungen erreicht wird, erreicht auch das System seinen «Tipping Point». Das bedeutet: Ein willkürliches und spärlich verbundenes Netz wird plötzlich zu einem dichten Netzwerk mit einer immer größeren Anzahl von möglichen Verbindungen.

Der Netzwerk-Effekt besteht darin, dass man, je mehr man einsetzt, desto mehr erhält. Mit anderen Worten: Je mehr Menschen ein Netzwerk benützen, desto wertvoller wird es. So ist ein Telefonnetz mit ein paar Millionen Teilnehmern viel mehr wert als eines mit ein paar Dutzend Teilnehmern.

In den Neunzigerjahren erreichte das Internet seinen «Tipping Point» und wurde sehr schnell ein immer wertvolleres Netzwerk. Jetzt konnte es über Nacht einen «Sturm der schöpferischen Zerstörung» im Schumpeter'schen Sinn auslösen. Die Wucht dieses Sturms schildert der Kolumnist der «New York Times», Thomas L. Friedman, in seinem Buch «Die Welt ist flach», einem der einflussreichsten Business-Bücher der letzten Jahre.

Friedman unterscheidet drei Stufen der Globalisierung. In der Phase 1.0 globalisieren sich die Länder, das heißt, Zollschranken werden abgebaut und der Freihandel wird gefördert (→ Welthandel). In der Phase 2.0 passen sich die Unternehmen der Globalisierung an, sie restrukturieren ihre Prozesse und richten ihre Logistik auf die neuen Verhältnisse aus (→ Supply Chains). Die Globalisierung 3.0 betrifft das Individuum. Weder die Zugehörigkeit zu einem Staat noch zu einem Unternehmen bietet ihm noch Schutz, jede Arbeitnehmerin, jeder Arbeitnehmer steht im Wettbewerb mit anderen Arbeitnehmern rund um den Globus. Eine Mischung aus technologischen Fortschritten (beispielsweise ein sehr leistungsfähiges Breitbandnetz und neue Software), politischen Entwicklungen (beispielsweise das Ende des Kalten Krieges) und wirtschaftlichen Entwicklungen (beispielsweise das Outsourcing) sind im Begriff, die Wettbewerbsbedingungen auf dem globalen Arbeitsmarkt für alle Teilnehmer anzugleichen. Friedman spricht von einer Konvergenz von technischen, politischen und wirtschaftlichen Entwicklungen. Sie hat die Welt «flach» gemacht. «Das Resultat dieser Konvergenz war die Erschaffung eines globalen, internettauglichen Spielfeldes, das eine Vielzahl von Kollaborationen möglich macht – der Austausch von Wissen und Arbeit – in realer Zeit, ohne Rücksicht auf die Geografie, Distanz und, in naher Zukunft, Sprache», schreibt Friedman. «Nein, nicht jedermann hat Zugang zu dieser Plattform, aber dieses Spielfeld steht heute mehr Menschen an mehr Orten an mehr Tagen offen als jemals zuvor in der Geschichte der Menschheit. Das meine ich, wenn ich sage, die Welt ist flach geworden.»

In «Alice hinter den Spiegeln», der Fortsetzungsgeschichte von «Alice im Wunderland», belehrt die Red Queen die kleine Alice mit folgenden Worten: «Hier musst du so schnell rennen, wie du kannst, damit du wenigstens am gleichen Ort verharren kannst.» Lewis Carroll hat seinen berühmten Roman zwar im viktorianisch-britischen Milieu des 19. Jahrhunderts verfasst, er hätte die Zustände in der globalen, flachen Welt des 21. Jahrhunderts aber nicht besser charakterisieren können. Immer schneller zu rennen, ohne vorwärtszukommen, wird zum Lebensgefühl. Die Globalisierung hat zwei sehr unterschiedliche Seiten. Während wir uns als Konsumenten über unglaublich billige Kleider und Unterhaltungselektronik freuen, werden wir als Arbeitnehmer immer stärker verunsichert (→ Superkapitalismus). Die Angst um den Job hat den westlichen Mittelstand mittlerweile fest im Griff. Wir wissen, dass in den Billiglohnländern riesige Heere von immer besser ausgebildeten Arbeitskräften bereitstehen. Die Drohung wirkt: In Ländern wie Deutschland und Frankreich wird wieder länger gearbeitet, ohne dass der Lohn steigt. Generell hat der Stress am Arbeitsplatz in allen modernen Gesellschaften zugenommen.

In der «flachen» Welt haben sich die Kräfteverhältnisse verändert. Globalisierung bedeutet nicht mehr eine Amerikanisierung der Welt, sondern sie wird zum Symbol des Aufstiegs von China und Indien. Umgekehrt schlägt die Stimmung im Westen um, der «Sturm der schöpferischen Zerstörung» hat Wirkung: Eine Vielzahl von Meinungsumfragen und Studien der letzten Jahre zeigen klar auf, dass der westliche Mittelstand sich vor allem nach mehr Sicherheit und weniger Konkurrenz sehnt. Gleichzeitig mit der Angst vor dem Verlust des Arbeitsplatzes steigt die Sorge um die Umwelt. Wie soll die Natur überleben, wenn bald zehn Milliarden Menschen die Welt bevölkern, die alle den gleichen Lebensstandard und vor allem den gleichen Energieverbrauch anstreben wie wir (→ Peak Oil)?

Die Risikogesellschaft

Ist die «flache» Welt auch eine gefährlichere Welt? Zumindest teilweise, sagt der deutsche Soziologe Ulrich Beck. Er hat bereits 1986 den Begriff «Risikogesellschaft» geprägt, neuerdings spricht er sogar von einer «Weltrisikogesellschaft». Becks These besagt nicht, dass wir in einer Welt noch nie da gewesener Gefahren leben müssen. Typisch für die Risikogesellschaft ist aber die Tatsache, dass sie mit selbst geschaffenen Gefahren zurechtkommen muss, und zwar, wie Beck sagt, Gefahren, die «nicht aufgrund von Versäumnissen und Niederlagen der Moderne, sondern aufgrund ihrer Siege» entstehen. Typisch für diese Art von Gefahren ist der Klimawandel, ein Produkt der erfolgreichen Industrialisierung.

Die Risikogesellschaft im Sinne von Beck hat verschiedene Merkmale:
Gefahren haben die «Zerstörungskraft eines Krieges», die Erschütterungen machen sich in allen Bereichen der Gesellschaft bemerkbar und treffen Arme und Reiche. Ein typisches Beispiel dafür sind Umweltkatastrophen wie Überschwemmungen, die wegen der Klimaerwärmung zunehmen.

Es entsteht eine «Weltgefahrengemeinschaft». Länder können Risiken nicht mehr allein auf nationaler Ebene lösen.

Die Rolle der Experten verändert sich. Mehr Wissenschaft macht die Gefahr nicht kleiner, vergrößert jedoch das Risikobewusstsein.

Angst bestimmt das Lebensgefühl. Sicherheit wird wie Wasser und Strom zu einem gewinnträchtigen Verbrauchsgut.

Das globale Ballett der multinationalen Konzerne: Supply Chains

Multinationale Konzerne lassen ihre Produkte rund um den Globus fertigen, das Prinzip der Arbeitsteilung ist international geworden. Diese weltweiten Wertschöpfungsketten werden Supply Chains genannt. Sie prägen in immer größerem Ausmaß die Arbeitskultur unserer Wirtschaft.

Angenommen, Sie bestellen heute in der Schweiz, Deutschland oder Österreich einen Laptop, beispielsweise einen ThinkPad, dann setzen Sie damit, ohne es zu ahnen, einen Prozess in Gang, der die halbe Welt umspannt. Ihr ThinkPad wird mittlerweile nicht mehr von IBM produziert, sondern vom chinesischen Computerhersteller Lenovo, der die PC-Sparte von IBM gekauft hat. Das Gehäuse und die Festplatte werden wahrscheinlich in einem Lenovo-eigenen Werk gefertigt. Es könnte aber auch sein, dass einer der in der Öffentlichkeit weitgehend unbekannten Hersteller in die Lücke springt, Flexotronic oder Solectron beispielsweise. Das sind keineswegs kleine Garagenunternehmen in irgendeinem schmuddligen Hinterhof von Asien. Solectron etwa hat 30 Produktionsstätten in 20 Ländern, beschäftigt 60 000 Mitarbeiterinnen und Mitarbeiter und setzt jährlich 50 Milliarden Dollar um. Es stellt so genannte Barebones her, Rohprodukte, die nach Vorgaben der bekannten Markenhersteller gefertigt und am Schluss von ihnen veredelt werden. Flexotronic und Solectron operieren in Billiglohnländern mit Arbeitskosten, die für westliche Verhältnisse unglaublich tief sind.

Das Gehirn Ihres Laptops ist ein Intel-Prozessor. Seine Fertigung ist eine kleine Supply Chain für sich: Die Halbleiterfabrikation findet im Intel-Werk in Albuquerque (US-Staat New Mexico) statt. Dazu benötigt Intel spezielle Werkzeuge, die zum Beispiel von der japanischen Firma Nikon geliefert werden. Die Waffeln mit den Prozessoren werden danach von FedEx nach Malaysia geflogen, wo sie in einem Intel-Werk in Penang aufgetrennt werden. Schließlich werden die Pentium-Chips getestet und verpackt. Dann werden sie wiederum von FedEx nach Shenzhen verfrachtet und dort in Ihren ThinkPad eingebaut. Gleichzeitig sind auch die weniger komplexen Memory-Chips ihres Laptops in Shenzhen eingetroffen. Wahrscheinlich stammen sie vom koreanischen Unternehmen Samsung, aber Lenovo hat auch andere, unbekanntere Lieferanten. Fehlt noch die Betriebs-Software. Sie kommt natürlich von Microsoft, Windows Vista. Sie wurde entweder in Seattle gefertigt oder in einer chinesischen Microsoft-Niederlassung. Geliefert wurde sie per Internet.

Die Arbeitsteilung ist das A und O einer erfolgreichen Marktwirtschaft. Das hat schon ihr geistiger Vater Adam Smith erkannt. Sein berühmtestes Beispiel brachte er vom Besuch einer Stecknadelmanufaktur mit: Ein Arbeiter könnte allein pro Tag nicht mal 20 Nadeln herstellen. Zehn Arbeiter aber, die sich jeweils auf ein paar Handgriffe spezialisieren, könnten täglich 48 000 Nadeln herstellen, schreibt Smith in seinem Klassiker «Der Wohlstand der Nationen». Die Globalisierung kann man auch als eine Ausdehnung des Prinzips der Arbeitsteilung auf die gesamte Welt betrachten, und die Supply Chain ist so gesehen die Optimierung dieser Arbeitsteilung. Eine sehr komplexe Optimierung allerdings: Lenovo hat allein für den ThinkPad mehrere hundert Lieferanten. Um Engpässe und Abhängigkeiten zu vermeiden, müssen die Zulieferer für einzelne Teile doppelt und mehrfach geführt werden. Diese Prozesse müssen alle sorgfältig aufeinander abgestimmt sein. Nebst Technologie und Marketing ist in der modernen Wirtschaft das Beherrschen der Supply Chain zum entscheidenden Erfolgsfaktor eines Unternehmens geworden.

Supply Chains werden in der Regel mit komplexen Hightech-Gütern wie Computern in Verbindung gebracht. Es gibt sie aber auch für ganz banale Dinge wie Jeans oder Turnschuhe. Und gerade dort sind sie zu einem politisch heißen Eisen geworden, das zeigt folgende Episode: Wenige Tage nach dem Anschlag auf das World Trade Center kam es in Washington zu einem Treffen auf höchster Ebene zwischen den USA und Pakistan. Die Amerikaner wussten, dass ein erfolgreicher Feldzug gegen Afghanistan nur mit der Unterstützung Pakistans möglich sein würde. Um sich deren Wohlwollen zu sichern, zogen sie deshalb alle Register: Zum Treffen mit Präsident Pervez Musharraf erschien nicht nur der Außenminister Colin Powell, Präsident George W. Bush selbst gab sich die Ehre. Die Diskussionen an diesem Treffen drehten sich weder um Truppenstärken noch um Militärstrategien oder Finanzhilfen. Im Mittelpunkt standen T-Shirts, Slips und Büstenhalter. Pakistan hatte nämlich seine Quoten für Textilimporte in die USA bereits ausgeschöpft, und das war Musharrafs größtes Problem. Bush und Powell erfuhren deshalb zu ihrer großen Verblüffung, dass für einen Sieg im Krieg gegen den Terrorismus ein Ziel dringender sei als alle anderen: dass Pakistans Textilfabriken weiter produzieren könnten.

Diese Episode schildert Pietra Rivoli in ihrem wunderbaren Buch «Reisebericht eines T-Shirts». Die amerikanische Ökonomin zeigt darin auf, wie komplex die Produktion eines scheinbar simplen Konsumguts geworden ist. Rivolis T-Shirt beginnt seine Reise auf einem üppig subventionierten Baumwollfeld in Texas. Nächste Station ist China, wo zuerst der Stoff hergestellt und danach das Produkt nach den Vorgaben westlicher Modedesigner geschneidert wird. Dann geht es zurück in die USA, falls es das T-Shirt schafft, den irrwitzigen Dschungel amerikanischer Zollvorschriften und Importquoten zu durchdringen. Das gebrauchte T-Shirt wird schließlich von einer US-Hilfsorganisation eingesammelt und nach Afrika verschickt, wo es an Bedürftige verteilt oder an Basarständen verramscht wird.

Wenn es bei westlichen Diskussionen um das Thema China geht, steht in der Regel die Frage im Vordergrund: Wie viele Jobs werden bei uns durch die chinesische Wirtschaft vernichtet (→ Welthandel)? Die Reise von Pietra Rivolis T-Shirts um die Welt zeigt, dass dies ein Jammern auf sehr hohem Niveau ist. Im Westen können in der Textilindustrie nicht mehr viele Arbeitsplätze verloren gehen. Der Grund ist simpel: Die meisten sind schon weg. Ganz anders sieht die Lage in den Entwicklungsländern aus. Sie können weder Software noch Uhren herstellen und sind deshalb für ihren Export auf Landwirtschaft und Kleider angewiesen. Für sie ist China eine ungleich größere Bedrohung geworden als für den Westen. Heute schon könnte die chinesische Textilindustrie problemlos die ganze Welt mit billigen Kleidern überschwemmen. Die Folgen wären verheerend: Rund 30 Millionen Jobs würden praktisch über Nacht vernichtet; nicht bei uns, sondern in Ländern wie Bangladesh, Pakistan, den Philippinen oder Mauritius. Das wiederum wären ideale Voraussetzungen für das Entstehen von neuen «Schurkenstaaten».

Die Supply Chain eines simplen T-Shirts macht auch deutlich, wie der globale Handel immer wieder ungewollte Rückkoppelungen zur Folge hat. Das Verschenken westlicher T-Shirts beispielsweise ist für Afrika nicht nur ein Segen. Allein in Kenia sind zwischen 1990 und 1998 deswegen 87 Textilfabriken geschlossen worden. Oder wie Rivoli schreibt: «Das Faszinierende an der Sache ist, dass, während North Carolina seine Textilindustrie an die Billigarbeiter von China eingebüßt hat, die afrikanische Textilindustrie gegen das Hochlohnland USA verloren hat. Der amerikanische Wohlstand ist so groß, dass sehr viele Kleider einfach verschenkt werden. Wie aber kann irgendjemand, selbst China, gegen etwas konkurrieren, das gar nichts kostet?»

Die Supply Chains der multinationalen Konzerne haben die Ausbeutungs-Kontroverse der Siebzigerjahre neu belebt. Berichte über Kinderarbeit, sexuelle Belästigung, Hungerlöhne und politische Repressionen in den Fabriken der Billiglohnländer haben Supermarken wie Nike, Gap, Adidas, aber auch Ölfirmen wie Shell, BP und Chevron in Verlegenheit gebracht und sie gezwungen, freiwillige Vereinbarungen abzuschließen (→ Welthandel). Darin verpflichten sie sich, dafür zu sorgen, dass bei ihren Zulieferern die Menschenrechte und minimale Sozialstandards eingehalten werden. Auch die umweltschützerischen Vorbehalte gegen Supply

Chains werden im Zeitalter der Klimadebatte immer lauter vorgebracht. Dass Laptops und T-Shirts rund um die Welt reisen, bis sie beim Endverbraucher landen, ist nur dank billiger Transportkosten überhaupt möglich und ökologisch gesehen unsinnig (→ Peak Oil). Schließlich geht auch wirtschaftlich gesehen die Rechnung der Supply Chains nicht immer auf: Sie benötigen viele Zwischenlager und produzieren sehr viel Leerlauf. Die Nachteile der extrem arbeitsteiligen Supply Chains mehren sich. Ausgerechnet ein Autokonzern zeigt eine Alternative dazu auf: Toyota hat die «schlanke Produktion» erfunden.

Toyota ist im Begriff, General Motors als größten Autohersteller der Welt abzulösen. Der Konzern ist äußerst profitabel, im Jahr 2007 betrug der Gewinn über 20 Milliarden Franken. Toyota ist auch, was man einen Global Player nennt: Neben 12 Werken in Japan betreibt das Unternehmen 52 weitere Fabriken in 27 Ländern. Doch das Zentrum ist nach wie vor Toyota City, eine japanische Kleinstadt mit 350 000 Einwohnerinnen und Einwohnern. Drei Viertel der erwerbstätigen Bevölkerung arbeiten bei Toyota oder bei Toyota-Zulieferern. Nun ist Japan bekanntlich ein Land mit sehr hohen Löhnen. Wie kann man unter diesen Umständen in der Massenproduktion noch profitabel arbeiten?

Toyota ist ein sehr konservatives Unternehmen, stolz darauf, in der Provinz groß geworden zu sein. Nach dem Zweiten Weltkrieg war es mausarm und konnte sich die teuren Maschinen, wie sie GM damals besaß, gar nicht leisten. Kiichiro Toyoda und sein Produktionschef Taiichi Ohno waren deshalb gezwungen, neue Wege zu gehen, und sie entwickelten das legendäre Toyota-Produktionssystem. Kernpunkt dieses Systems ist es, Abfall und unnütze Zwischenlager zu vermeiden. Deshalb setzen sie auf einen «One Piece

Flow», eine Produktionsmethode, bei der ein Auto möglichst ohne Unterbrechung in «einem Fluss» gefertigt wird. Das wiederum braucht eine «Just in time»-Lieferung, das heißt, die einzelnen Teile müssen genau dann eintreffen, wenn sie benötigt werden. So können teure Zwischenlager minimiert werden. Diese Produktionsart setzt voraus, dass die Zulieferer auch räumlich nahe beim Montagewerk sind. Toyota strebt deshalb an, dass jedes Autos zu 60 bis 70 Prozent lokal produziert wird.

Das Toyota-Produktionssystem ist inzwischen weltberühmt, Begriffe wie «kanban» (eine Methode, ein Zwischenlager möglichst effizient zu betreiben) und «kaizen» (sich permanent verbessern) sind in der modernen Managerliteratur allgegenwärtig. Trotzdem gelingt es anderen Unternehmen kaum, das System zu kopieren. Das liegt einerseits daran, dass es extrem schwierig ist, eine funktionierende «One Piece Flow»-Produktion zu betreiben. Nur mit einzelnen Versatzstücken wie «Just in time»-Lieferungen ist es längst nicht getan. Ebenso widerspricht die Toyota-Philosophie der vorherrschenden Denkweise des Supply-Chain-Managements. Diese Denkweise ist kurzfristig und einseitig auf die Kosten ausgerichtet. Der billigste Lieferant erhält den Auftrag, der billigste Arbeiter erhält den Job. Die «schlanke Produktion» in Sinne von Toyota hingegen geht von der Devise aus, dass es sich lohnt, Mitarbeiter auszubilden. Sie werden sorgfältig ausgewählt, intensiv geschult und in der Regel lebenslang angestellt, mit den Lieferanten wird ebenfalls eine enge langjährige Zusammenarbeit angestrebt. Es scheint sich auszuzahlen.

Verhindern oder fördern die Supply Chains Kriege?

Demokratien führen keinen Krieg gegeneinander. Das lehrt uns die Politologie. Thomas Friedman baut dieses Gesetz in seinem Buch «Die Welt ist flach» aus, und zwar wie folgt: Auch Länder mit McDonald's-Restaurants führen keinen Krieg gegeneinander. Länder, die der gleichen Supply Chain angehören, beispielsweise Dell oder IBM, setzten sich sogar aktiv für den Frieden ein. Als Beleg für diese These führt Friedman den Kaschmir-Konflikt an. Er sei vor allem deswegen entschärft worden, weil die Zulieferer und Software-Hersteller in Indien und Pakistan Druck auf ihre Regierungen ausgeübt hätten. Die Unternehmer in Bangalore und Lahore hätten ebenso wenig Interesse daran, ihre Supply Chain zu gefährden, wie ihre Auftraggeber, die multinationalen Konzerne.

Für die Globalisierungskritikerin Naomi Klein hingegen ist die Supply Chain der Grund für einen immer härter werdenden sozialen Krieg. In ihrem Bestseller «No Logo» wirft Klein den multinationalen Konzernen vor, sie würden immer mehr in Marketing und Fusionen investieren und wegen der Supply Chains immer weniger in Produktionseinrichtungen und Arbeitskräfte. Mit den Supply Chains entledigten sich die multinationalen Konzerne des lästig gewordenen Faktors Arbeit und schöben diesen in die Billiglohnländer ab, lautet ein zentraler Vorwurf von Klein. Damit verabschiedeten sich die Konzerne auch von ihrer sozialen Verantwortung: Sie förderten Hungerlöhne in den Entwicklungsländern und Lohndruck und Entlassungen in den Industrieländern.

Die Supply Chain erobert das Gesundheitswesen

Rund um den Globus stehen Politikerinnen und Politiker vor einem scheinbar unlösbaren Problem, dem «magischen Fünfeck» der Gesundheitspolitik. Dabei gilt es, die Bedürfnisse der Patienten zu erfüllen, dies leistungsfähig und wirtschaftlich zu tun, dabei finanzierbar zu bleiben und schließlich das Prinzip der Chancengleichheit zu wahren. Die Lösung des Problems heißt «Managed Care». Das bedeutet konkret, dass auch im Gesundheitswesen die Logik der Supply Chain Einzug hält, dass Spitäler und Rehabilitationszentren unter der Leitung von Krankenkassenmanagern und mit Einsatz von IT immer mehr funktionieren wie eine moderne Fabrik. Im Auftrag des Eidgenössischen Departements des Inneren hat der Gesundheitsökonom Stephan Siegrist die Studie «Zukunftsperspektiven des Gesundheitsmarktes» verfasst. Sie kommt zum Schluss, dass «Analogien aus der Automobilindustrie» helfen könnten, «Prozesse in Spitälern effizienter zu gestalten».

Aus ökonomischer Sicht ist diese Industrialisierung der Gesundheitspflege weder überraschend noch stoßend. In der Schweiz beträgt der Gesundheitsmarkt mittlerweile rund 60 Milliarden Franken, rund zwölf Prozent des Bruttoinlandproduktes (Basis 2004). Die Branche beschäftigt mehr als eine halbe Million Arbeitnehmerinnen und Arbeitnehmer, jedes Jahr geben Herr und Frau Schweizer durchschnittlich 5000 Franken für ihre Gesundheit aus. Damit leisten sie sich nach den Amerikanern das zweitteuerste Gesundheitswesen der Welt. Doch die Differenzen sind klein: In den meisten Industriestaaten wird inzwischen jeder zehnte Euro,

Krone oder Dollar für Arzthonorare, Medikamentenkosten oder andere Gesundheitsausgaben verwendet.

Was bedeutet es konkret, wenn immer stärker betriebswirtschaftliche Prinzipien die «gesamte medizinische Wertschöpfung vom Hausarzt bis zum Kurhotel prägen», wie der Gesundheitsökonom Siegrist schreibt? Das Rechnungswesen wird umgestellt. Anstatt die Beträge von medizinischer Behandlung und Pflege zu einer Gesamtsumme zu addieren, werden Fallpauschalen verwendet. Medizinische Leistungen werden nicht mehr nach Aufwand, sondern nach festen Preisen abgegolten. In der Schweiz kostet dann beispielsweise eine Geburt 2890 Franken oder die Entfernung einer Gallenblase 4268 Franken. In Deutschland werden diese Fallpauschalen bereits flächendeckend eingesetzt. Sie werden die Struktur der Spitäler maßgebend verändern: Die Skalenökonomie, das Prinzip, wonach Massenproduktion die Stückkosten senkt, wird sich durchsetzen. Wenn in der Schweiz ein Spital beispielsweise nicht mindestens 500 Geburten pro Jahr hat, dann lohnt es sich nicht mehr, eine Gebärabteilung zu führen. Die kleinen Spitäler werden zu Zulieferern der großen. Unrentable Abteilungen werden geschlossen oder umgewandelt, vorzugsweise in Geriatrieabteilungen, angesichts des demografischen Wandels das Zukunftsgeschäft schlechthin.

Auch das Berufsbild des Arztes ändert sich. Der Mediziner als Einzelkämpfer hat ausgedient. Im Gesundheitswesen setzt sich wie in der Supply Chain das Prinzip der Arbeitsteilung durch. Vom Hausarzt bis zur Reha-Klinik wird die Wertschöpfungskette koordiniert und optimiert. Der

Patient wird im übertragenen Sinn auf ein medizinisches Fliessband gelegt. Seine Heilung erfolgt nicht mehr unter dem Blickpunkt der bestmöglichen Behandlung, sondern unter dem Prinzip der effizienten Prozesse.

«Managed Care» bedeutet auch, dass Unmengen von Daten ausgetauscht werden müssen, die IT wird auch das Gesundheitswesen erobern. Bald wird jede Bürgerin und jeder Bürger nicht nur eine Identitäts-, sondern auch eine Gesundheitskarte mit sich führen, auf der die persönliche Krankheitsgeschichte gespeichert ist. Der «gläserne Patient» verursacht zwar heute noch Probleme mit dem Datenschutz und löst bei vielen Menschen Ängste aus. Doch die Gesundheitskarte wird kommen. In Österreich und Dänemark wird sie bereits getestet. Das System der «Managed Care» ist angesichts der Kostenexplosion im Gesundheitswesen und des magischen Fünfecks nicht zu vermeiden. Nicht nur die medizinische Versorgung und Pflege werden davon betroffen sein. Der Gesundheitsökonom Siegrist spricht von einem «Megatrend auch auf der Ebene der Gesellschaft, der Mensch und Ökonomie in der Schweiz und der westlichen Welt in den kommenden Jahren prägen wird».

Von Handels-, Bauern- und Wohlstandskriegen: Welthandel, Doha und andere Runden

Der freie Handel nützt allen, sagt die ökonomische Theorie. In der Praxis ist es jedoch äußerst schwierig, Zollschranken und Importquoten abzuschaffen. Drei Fragen stehen dabei im Vordergrund: Was ist fairer Handel? Was geschieht mit den Bauern? Nehmen uns Chinesen und Inder bald die Arbeitsplätze weg?

Paul Samuelson, der wohl angesehenste Wirtschaftsprofessor der Gegenwart, wurde einmal gefragt, ob es in der Ökonomie ein Gesetz gebe, das gleichzeitig nicht banal und trotzdem allgemeingültig sei. Ja, antwortete Samuelson, das Gesetz des komparativen Wettbewerbvorteils.

Das Gesetz des komparativen Wettbewerbvorteils ist die theoretische Grundlage des freien Handels und damit die tragende Säule der Globalisierung. Es stammt von David Ricardo, der schon zu Beginn des 19. Jahrhunderts auf die Vorteile des freien Handels hingewiesen hat. Ricardo stützte sich bei der Formulierung des Gesetzes einerseits auf Wein und Textilien, andererseits auf Portugal und Großbritannien. Der Handel zwischen diesen beiden Nationen sei für beide ein Gewinn, weil auf der Britischen Insel keine Weintrauben reiften und umgekehrt die englische Textilindustrie ungleich viel produktiver sei als die portugiesische, stellte Ricardo fest. Dieses Beispiel ist einleuchtend. Ökonomisch gesehen sind hier der absolute und der komparative Vorteil deckungsgleich. Doch das muss nicht zwingend der Fall sein. Deshalb ist das Gesetz des komparativen Vorteils immer wieder schwierig zu erklären.

Weshalb soll es sinnvoll sein, die Fertigung eines Produktes in ein Land zu verlegen, das weniger produktiv ist als das eigene? Diese Frage stellt sich, wenn absoluter und komparativer Vorteil nicht identisch sind. Es ist auch eine sozialpolitisch explosive Frage. Sie wird immer dann gestellt, wenn Arbeitsplätze in Billiglohnländer abwandern. Die Antwort der Ökonomen lautet: Weil es die so genannten Opportunitätskosten gibt. Was man darunter zu verstehen hat, soll folgender, fiktiver Vergleich verdeutlichen: Nehmen wir an, der Tennisstar Roger Federer sei auch ein genialer Koch. Trotzdem wäre es für ihn wenig sinnvoll, seine Mahlzeiten selbst zuzubereiten (außer in seiner Freizeit als Hobby natürlich), weil dies auf Kosten seines Trainings ginge. Auch Federers Tag hat bloß 24 Stunden; wenn er Tennis spielt, kann er nicht kochen und umgekehrt. Das Phänomen, dass man seine Zeit nicht doppelt nutzen kann, wird Opportunitätskosten genannt. Im Fall von Federer und seinem Koch bedeutet dies, dass beide besser dastehen, wenn Federer Tennis spielt und den Koch kochen lässt.

Das Prinzip der Opportunitätskosten gilt auch für eine Volkwirtschaft. Die Schweiz hatte lange Zeit eine sehr produktive Textilindustrie, produktiver als die Konkurrenz in Bangladesh oder

China. Das heißt, in der Schweiz konnten in der gleichen Zeit von gleich vielen Arbeitskräften mehr T-Shirts oder Unterhemden produziert werden. Ökonomisch gesehen verhält es sich aber mit der Schweizer Textilindustrie wie mit Roger Federer und seinem Koch: Auch in diesem Fall ist es sinnvoll, wenn sich das Hochlohnland Schweiz auf Produkte mit hoher Wertschöpfung konzentriert, also beispielsweise Uhren und Hightech-Maschinen produziert und exportiert, und T-Shirts und Unterhemden importiert. Deshalb stehen die alten Schweizer Textilfabriken heute leer oder sind zu schicken Lofts umgebaut worden.

Solange die Differenz zwischen dem absoluten und dem komparativen Vorteil positiv ist, lohnt sich der freie Handel. Die Ökonomen erläutern dies gerne an einfachen Beispielen: Land A produziert Computer, Land B Kühe. Wenn die beiden miteinander Handel treiben, gibt es insgesamt mehr Kühe und Computer, und beide profitieren. Theoretisch ist das korrekt, doch die Realität ist ein bisschen komplexer. Da gibt es unendlich viele Sonderinteressen, die berücksichtigt werden wollen und ebenso viele Lobbies, die dafür sorgen, dass sie auch berücksichtigt werden. Handelsverträge auszuhandeln ist deshalb keine Tätigkeit für Menschen mit schwachen Nerven. Das Schlussdokument des letzten abgeschlossenen Handelsabkommens der WTO, der so genannten Uruguay-Runde, umfasst insgesamt 24 000 Seiten!

Kein Wunder, wird den Ökonomen gelegentlich vorgeworfen, sie würden in einer verkehrten Welt leben, in einer Welt, in der die Modelle einfach und die Menschen intelligent seien. Tatsächlich ist die Vorstellung des rational handelnden Menschen, des «Homo oeconomicus», eine Fiktion. In der wirklichen Welt sind die Verhältnisse gerade umgekehrt: Relativ dumme Menschen müssen sich in einer immer komplexer werdenden Realität zurechtfinden. Die Globalisierung und die damit verbundene Ausdehnung des Welthandels führen dazu, dass die Komplexität immer größer wird. Drei Probleme sind dabei zentral: Die Frage der Gerechtigkeit, die Bauernfrage und die Frage, ob der komparative Wettbewerbsvorteil nicht ausgedient hat.

Fairer Handel ist ein Trendbegriff geworden, alle wollen fairen Handel. Umstritten ist jedoch, was darunter zu verstehen ist. Gerade die Verhältnisse in der Textilindustrie geben dabei Anlass zu heftigen Diskussionen. Ist es eine gute Sache, wenn wir im Westen Kleider und Schuhe kaufen, die von Arbeitskräften genäht werden, die einen Bruchteil unseres Lohnes erhalten, zumal es sich bei diesen Arbeitskräften in der Regel um junge Frauen handelt, die lange Arbeitszeiten erdulden müssen und dafür – nach unseren Maßstäben – lausig bezahlt werden? Die so genannten Sweat Shops, Fabriken, in denen junge Frauen und gelegentlich auch Kinder ausgebeutet werden, sorgen in regelmäßigen Abständen für Skandale und bringen immer wieder selbst renommierteste Unternehmen in Schwierigkeiten (→ Supply Chains). Sind diese Sweat Shops eine nicht zu vermeidende Stufe in der Entwicklung hin zu einer Industriegesellschaft oder die typische Folge einer immer ungerechter werdenden Globalisierung?

Die Frage lässt sich nicht wissenschaftlich präzis beantworten, aber der gesunde Menschenverstand legt folgende Antwort nahe: Erstens ist es klar, dass auch in den ärmsten Länder am Arbeitsplatz minimale Regeln und Standards gelten müssen. Dazu zählen das Verbot von Kinderarbeit, die Einhaltung von Sicherheitsvorschriften, Schutz vor sexueller Belästigung, Obergrenzen bei der Arbeitszeit, Mindestlöhne sowie das Recht der Arbeitnehmenden, sich gewerkschaftlich zu organisieren. Diese Regeln müssen politisch erkämpft werden, der Markt sorgt nicht automatisch dafür. Deshalb hat der Westen in dieser Frage auch eine moralische Verantwortung: Er muss sich mit allen möglichen Mitteln dafür einsetzen, dass diese Minimalstandards eingehalten werden.

Es ist jedoch sinnlos, die Einkommen in diesen Ländern mit westlichen Löhnen vergleichen zu wollen. Entscheidend ist die Frage, welche Alternativen die Arbeitnehmerinnen und Arbeitnehmer im eigenen Land haben. Die jungen Frauen sind auf die Arbeitsplätze in der Textilindustrie angewiesen. Nur so haben sie die Möglichkeit, einem noch viel ärmlicheren Leben zu entfliehen, denn das Landleben in den Entwicklungsländern ist alles andere als idyllisch. Trotz der für westliche Augen extrem tiefen Löhne sorgen die Textilfabriken in diesen Ländern deshalb dafür, dass der Lebensstandard langsam steigt. Kann man also von «Ausbeutung» sprechen, wenn die «Ausgebeuteten» geradezu darum bitten, «ausgebeutet» zu werden?

Sobald die Fairnessfrage gestellt wird, folgt die Kritik an den Institutionen des Welthandels auf dem Fuß. Die Globalisierungsgegner werfen der Welthandelsorganisation WTO, dem Internationalen Währungsfond IWF und der Weltbank vor, willige Lakaien der multinationalen Konzerne zu sein. Was ist davon zu halten?

Die WTO ist historisch gesehen noch jung. Sie wurde erst 1994 gegründet, zuvor wurde der internationale Handel einzig durch Verträge mit seltsamen Abkürzungen wie GATT, GATS und TRIPS reguliert. Heute umfasst die WTO 151 Mitglieder, die über 90 Prozent des Welthandels bestreiten. Das prominenteste Nichtmitglied ist Russland, ein noch unbewältigtes Vermächtnis aus der Zeit der Sowjetunion. Das Ziel der WTO ist es, dafür zu sorgen, dass alle Nationen beim globalen Handel mit gleich langen Spießen antreten können, dass es keine willkürlichen Diskriminierungen und möglichst wenig Hindernisse wie Zölle und Importquoten gibt. Ist die WTO mächtig? Nicht wirklich. Sie kann von einem Mitgliedsstaat angerufen werden, wenn er sich benachteiligt fühlt, und Verfügungen erlassen. So darf beispielsweise die EU ihren ehemaligen Kolonien beim Import von Bananen keine Vorzugsbehandlung mehr bieten. Doch die WTO verfügt weder über ein Beamten- noch über ein militärisches Heer. Macht im Sinne von der Möglichkeit, Zwang auszuüben, hat sie deshalb nicht, und es wäre spannend zu sehen, was passieren würde, wenn sich beispielsweise die USA oder die EU weigerten, ein WTO-Urteil zu akzeptieren.

Das Problem der WTO liegt wohl darin, dass ihre Aktivitäten das Vorstellungsvermögen von Normalsterblichen übersteigen und deshalb diffuse Ängste wecken. Selbst wirtschaftlich versierte und interessierte Zeitgenossen können oft nur ahnen, was an den handelspolitischen Konferenzen verhandelt wird. Da ist in unverständlichem Jargon von «gelben», «grünen» und «blauen» Boxen die Rede, in die verschiedene Subventionen gesteckt werden, die wiederum manchmal erlaubt sind und manchmal auch nicht. Der WTO wird denn auch vor allem mangelnde Demokratie und mangelnde Transparenz vorgeworfen. Die Vorwürfe sind zweifellos gerechtfertigt, doch man könnte dagegen mit ebenfalls sehr guten Gründen einwenden, dass es nicht ganz einfach ist, den globalen Handel demokratisch und transparent zu organisieren.

Schwerwiegender ist die Kritik am IWF und seiner Zwillingsorganisation, der Weltbank. Beide wurden noch während des Zweiten Weltkrieges gegründet (→ Stock Options). Der IWF hat dabei die Funktion, als Nothelfer bei Krisen kurzfristig einzugreifen, die Weltbank muss sich um die langfristige wirtschaftliche Entwicklung kümmern. Beides hat große Auswirkungen auf die nationale Politik eines Landes. Speziell dem IWF wird vorgeworfen, die Not der Menschen gezielt auszunützen. Die bekannte Globalisierungskritikerin Naomi Klein etwa wirft ihm in ihrem Buch «Die Schock-Strategie» vor, zu einem willigen Werkzeug einer neoliberalen Ausbeutungspolitik der Industrienationen gegen die Entwicklungsländer verkommen zu sein.

Den Hintergrund zu dieser Kritik bildet der «Washington Consens», ein 10-Punkte-Programm, das 1989 vom IWF-Ökonomen John Williamson aufgestellt wurde. Im «Washington Consens» sind die wirtschaftlichen Strategien zusammengefasst, die eingesetzt werden sollen, wenn ein Land in Not geraten ist und saniert werden muss. Wer vom IWF Kredite erhalten will, muss sich verpflichten, wirtschaftspolitische Auflagen zu erfüllen. Dabei liegt der Schwerpunkt tatsächlich auf neoliberalen Rezepten wie Privatisierung, Deregulierung und Freihandel. Diese Einheitsmedizin hat bei der asiatischen Finanzkrise 1998 (→ Hedge-Fonds) kläglich versagt. Die dramatischen Wohlstandsverluste in Ländern wie Thailand, Indonesien und Südkorea waren auch eine Folge der zwangsverordneten IWF-Standardrezepte und lösten deshalb eine Welle der Kritik aus. Einer der Wortführer war Joseph Stiglitz. Seine Aussagen hatten Gewicht: Stiglitz war schließlich einst Chefökonom der Weltbank, Berater der Clinton-Regierung und ist zudem Träger des Nobelpreises. In seinem viel beachteten Buch, «Die Schatten der Globalisierung», zeigt er auf, wie der IWF mit einer sturen Umsetzung des «Washington Konsens» die Lage der Menschen in Asien nicht verbesserte, sondern im Gegenteil verschlimmerte.

Auch das Schicksal von Argentinien ist der Paradefall einer Entwicklung, die gegen den IWF spricht. In den Neunzigerjahren war Argentinien ein Musterschüler. Die argentinische Nationalbank koppelte den Peso an den Dollar. Das bedeutete konkret, dass sie sich verpflichtete, jederzeit Pesos gegen Dollar im Verhältnis von eins zu eins zu tauschen. Damit konnte die galoppierende Inflation unter Kontrolle gebracht werden (→ Dollar, Euro, Franken). Der IWF gewährte im Gegenzug Kredite. Das förderte das Vertrauen von ausländischen Investoren, die im großen Stil zu investieren begannen. Die argentinische Wirtschaft erlebte einen Boom. Er sollte sich als Strohfeuer erweisen. Mit der Koppelung an den Dollar hatte die argentinische Nationalbank zwar die Teuerung im Griff, aber zu einem sehr hohen Preis. Sie konnte ihre Währung nicht mehr der Produktivität der Wirtschaft anpassen, sondern musste sklavisch die Entwicklung der US-Währung nachvollziehen. Der Peso war bald grotesk überbewertet, was wiederum zur Folge hatte, dass die argentinischen Unternehmen viel zu teuer produzierten und international nicht mehr wettbewerbsfähig waren. Das Land rutschte in eine schwere Rezession. Hungermärsche und Massenproteste führten zu einem Regierungswechsel. Die neue Regierung änderte ihren Kurs radikal. Argentinien weigerte sich, seine Schulden beim IWF zu bezahlen und handelte mit den privaten Investoren neue Bedingungen aus. Mit Erfolg: Seit sich das Land von den Fesseln des «Washington Konsens» befreien konnte, wächst das Bruttoinlandprodukt wieder in flottem Tempo.

Zur Ehrenrettung des IWF muss allerdings angefügt werden: Er hat aus der Kritik gelernt und seinen Kurs geändert. Der «Washington Konsens» ist nicht mehr gültig. Der neue Chef, der ehemalige französische Finanzminister und Sozialist Dominique Strauss-Kahn, hat die neoliberalen Grundsätze über Bord geworfen.

Zur Bauernfrage: Der Welthandel wird in so genannten Runden reformiert. Die letzte erfolgreiche Runde war die Uruguay-Runde, die 1994 abgeschlossen wurde und allgemeine Zollsenkungen zur Folge hatte. 2001 wurde in der Hauptstadt von Katar die Doha-Runde lanciert. Sie war als eine Runde für die Armen angekündigt worden, denn im Zentrum standen Maßnahmen, die den Bauern in den Entwicklungsländern helfen sollten. Eigentlich hätte die Doha-Runde bis Ende 2004 über die Bühne gehen müssen. Doch zu einer Einigung ist es nicht gekommen. Die letzten Verhandlungen wurden im Sommer 2006 ergebnislos abgebrochen.

Es gibt verschiedene Gründe, weshalb sich der freie Handel mit der Landwirtschaft so schwer tut. Bauern verfügen auch in den Industrieländern über einen politischen Einfluss, der weit über ihre wirtschaftliche Bedeutung hinausgeht. Sie sind stark mit Tradition und Folklore verbunden, und die Angst, im Kriegsfall ohne Bauern dazustehen und deshalb Hunger zu leiden, ist nach wie vor vorhanden. Landwirtschaftspolitik ist deshalb immer mit Emotionen verbunden und sperrt sich gegen die rein rationale Marktlogik von Angebot und Nachfrage.

Umgekehrt neigen Ökonomen dazu, die Vorteile des freien Welthandels zu überzeichnen, ja geradezu zu mystifizieren. Die Doha-Runde wurde mit dem Versprechen eingeläutet, sie werde bis ins Jahr 2015 zu einem globalen Wohlstandsgewinn von 520 Milliarden Dollar führen und 114 Millionen Menschen aus der Armut erlösen. Diese Zahlen sind ebenso eindrücklich wie fragwürdig. Die Modellrechnungen, die zu diesen Ergebnissen führten, stützten sich teilweise auf überholte und willkürliche Annahmen, die das Resultat massiv beeinflussten. Modellrechnungen unterscheiden sich stark. Die Ökonomen der Weltbank kamen zu ganz anderen Schlüssen als die WTO-Studie: Die Handelsgewinne schmolzen auf 95 Milliarden Dollar, die Zahl der Menschen, die der Armut entrinnen können, auf 6,2 Millionen. Die Handelsgewinne stellen sich auch nur ein, wenn der Strukturwandel funktioniert, wenn sich die Logik des komparativen Wettbewerbsvorteils wie im Lehrbuch durchsetzt und nicht zu Arbeitslosigkeit führt. Gerade dies ist aber heute nicht mehr zwingend der Fall.

Oft wird im Namen der Armen ein Bauernopfer der Reichen gefordert. Wenn wir den armen Ländern wirklich helfen wollten, müssten wir die Grenzen für Agrarimporte öffnen, ist eine gut gemeinte und viel gehörte Forderung. Schließlich sei die Landwirtschaft nebst der Textilindustrie die einzige Branche, in der die Entwicklungsländer eine echte Chance hätten. So stimmt das nicht ganz. Beim Feilschen um Agrarimporte prallen nicht primär die Interessen von reichen Bauern in den Industriestaaten und von armen Bauern in der Dritten Welt aufeinander. Von einem freien Agrarhandel würden in erster Linie die Großbauern in Ländern wie Kanada, USA, Brasilien und Argentinien profitieren. Diese haben zwar grundsätzlich ebenfalls ein Anrecht auf freien Handel, doch ihre Interessen sollten offen dargelegt und nicht die Kleinbauern aus Ländern wie Togo oder Mauritius vorgeschoben werden. Die Kleinbauern der ärmsten Länder haben nämlich die Europäer geradezu bestürmt, dem ursprünglichen Abkommen der Doha-Runde nicht zuzustimmen. Mit guten Gründen: Der Zucker, der auf der Zuckerinsel Mauritius produziert wird, ist doppelt so teuer wie derjenige, der aus Brasilien stammt.

Schließlich wird in der Frage der Subventionen oft schamlos übertrieben. Die Schweizer Bauern etwa gehören zu den teuersten der Welt, keine Frage. Doch das beliebte Argument, eine Schweizer Kuh koste den Steuerzahler jährlich 4000 Franken und sei damit teurer als ein Kind in der Dritten Welt, ist unsinnig. Dieser Betrag ist zum größten Teil eine hypothetische Hochrechnung aus Zöllen, Export- und Inlandsubventionen, die nicht bar ausbezahlt werden. Es handelt sich dabei gewissermaßen um Buchverluste. Direktzahlungen an die Bauern gibt es ebenfalls. Damit aber werden definierte Leistungen abgegolten, die sie im Dienste der Allgemeinheit erbringen. Wenn sie beispielsweise Hochstamm-Obstbäume züchten, um Nistplätze für Vögel zu erhalten oder ihre Tiere artgerecht halten, werden sie dafür entschädigt.

Fazit: Auch in der Bauernfrage gibt es keine wissenschaftlich präzisen Antworten. Der gesunde Menschenverstand legt nahe, dass sich die Landwirtschaft der reichen Länder nicht um eine illusionäre Autarkie kümmern sollte. Müssten die Schweizer Bauern beispielsweise die gesamte Bevölkerung ernähren, wäre dies nicht nur wirtschaftlich unsinnig, sondern auch ökologisch eine Katastrophe. Bereits heute importiert die Schweiz mehr als die Hälfte der Nahrungsmittel, zu Recht. In vielen anderen Ländern können Nahrungsmittel billiger und ökologischer hergestellt werden. Eine umweltverträgliche Landwirtschaft ist inzwischen auch das erklärte Ziel der Schweizer Politik.

Wenn sich schon die Bauernfrage als beinahe unlösbar erweist: Was wird erst los sein, wenn sich die Befürchtung bewahrheiten sollte, dass China und Indien die Gesetze des komparativen Wettbewerbvorteils aushebeln und dabei die Arbeitsplätze des westlichen Mittelstandes gefährden? Kommt es dann zu einem «Wohlstandskrieg»? Aber der Reihe nach: Die klassische Handelstheorie geht davon aus, dass sich ein Land unter Ausnützung des komparativen Wettbewerbvorteils der Wertschöpfungskette entlang emporhangelt und dabei immer wohlhabender wird. China und Indien scheinen sich jedoch nicht an diese volkswirtschaftliche Evolutionstheorie halten zu wollen. Das befürchten zumindest einige Ökonomen, darunter auch der schon erwähnte Paul Samuelson. Ihre schiere Größe erlaube es ihnen, an zwei Fronten «anzugreifen»: Mit einer riesigen Reservearmee von billigen Arbeitskräften wird das Feld der ungelernten Industriearbeit besetzt. Gleichzeitig werden aber auch massenhaft Ingenieure ausgebildet und massenhaft Geld in Forschung und Entwicklung investiert. So will China bereits im Jahr 2015 mehr Forscher und Ingenieure haben als jedes andere Land, und bis 2020 will es einen größeren Teil seines Bruttoinlandproduktes in Forschung und Entwicklung investieren als die EU. Indien verfügt über technische Hochschulen von Weltruf, die heute schon mehr Ingenieure ausbilden als die USA.

Der technologische Fortschritt, hauptsächlich Breitband und Internet, hat zur Folge, dass nicht nur Güter, sondern zunehmend auch Dienstleistungen handelbar werden (→ Die flache Welt). Callcenter für die amerikanischen Konsumenten werden in Indien betrieben, und die gut ausgebildeten indischen Angestellten können die einzelnen US-Dialekte perfekt imitieren. Ärzte schicken per Internet Röntgenbilder nach Asien, wo sie zu einem Bruchteil der Kosten ausgewertet werden. Selbst amerikanische Steuererklärungen werden von indischen Treuhändern ausgefüllt, und die Banken haben begonnen, nicht nur ihre IT nach Asien auszulagern, sondern teilweise auch ihre Analysten.

Laut einer wachsenden Schar von Ökonomen zeichnet sich mit dieser Entwicklung ein Alptraum für den westlichen Mittelstand ab: Bisher gut bezahlte und sichere Jobs sind plötzlich in Gefahr, ebenso in Billiglohnländer abzuwandern wie einst die Arbeitsplätze der Textilindustrie. Alan Blinder, Professor an der renommierten Yale University und einer der führenden US-Ökonomen, sieht 40 Millionen mittelständische Arbeitsplätze in den USA bedroht. Eine Studie der Crédit Suisse kommt zum Schluss, dass in der Schweiz rund 300 000 Jobs in Gefahr sind. In Deutschland hat der ehemalige Wirtschaftschef des «Spiegel», Gabor Steingart, bereits den Wohlstandskrieg gegen Asien ausgerufen. In seinem Bestseller «Weltkrieg um Wohlstand» bezeichnet er China und Indien als «Angreiferstaaten» und fordert vom Westen eine Art Wirtschafts-Nato als Gegenmaßnahme. Haben wir es hier mit populistischer Hysterie zu tun, oder droht uns eine reale Gefahr?

Die Wohlstandskriegs-These lässt sich mit Fakten nicht belegen. Selbst in der schon als klinisch tot erklärten deutschen Wirtschaft regt sich neues Leben. Im Aufschwung 2006/2007 kletterte das Wachstum des Bruttoinlandprodukts gegen drei Prozent, es entstanden Hunderttausende von neuen Arbeitsplätzen, und die Unternehmen begannen, sich über einen Mangel an Facharbeiterinnen und -arbeitern zu beklagen. Ohnehin ist die Wohlstandskriegs-These gerade in Deutschland und der Schweiz irgendwie absurd. Deutschland ist bekanntlich «Exportweltmeister», die Schweizer Exporte sind pro Kopf gar noch deutlich höher. Die volkswirtschaftlichen Kennzahlen sprechen deshalb für das Gegenteil der Wohlstandskriegs-These: Bisher sind die Industriestaaten die großen Gewinner der Globalisierung, und wenn man nach «Angreiferstaaten» Ausschau hält, sucht man besser im Westen.

Winston Churchill hat einmal erklärt, man solle keiner Statistik trauen, die man nicht selber gefälscht habe. Die Chinesen mögen statistisch gesehen inzwischen mehr Ingenieure ausbilden als der Westen, doch das sagt nichts über deren Qualität aus. So hat eine Studie der Beratungsfirma McKinsey ergeben, dass die meisten chinesischen Ingenieure schlechter ausgebildet sind als westliche Facharbeiter. Ein anderes Beispiel sind die Zollstatistiken. Sie zeigen zwar, dass China zum größten Exporteur von Unterhaltungselektronik und IT geworden ist. Sie zeigen aber nicht, dass bloß 15 Prozent des Wertes dieser Geräte effektiv in China produziert werden. Der Handelsökonom Dani Rodrik von der Harvard University sieht deshalb noch keinen Grund zur Besorgnis und empfiehlt Gelassenheit: «Die chinesischen Unternehmen haben es bisher weder geschafft, Entwicklungsstufen zu überspringen, noch können sie die Gesetze des komparativen Wettbewerbvorteils aufheben», sagt er.

Fairer Handel, das Schicksal der Bauern und die billigen Arbeitskräfte in Asien, alle drei Fragen können nicht mit einfachen Antworten geklärt werden. Aus ökonomischer Sicht gibt es keine Alternative zum freien Handel, der Protektionismus hat im letzten Jahrhundert zu wirtschaftlichen Depressionen und Weltkriegen geführt. Das bedeutet, dass wir mit der WTO, mit Doha- und anderen Runden leben lernen müssen. Das bedeutet aber auch, dass mit ökonomischen Modellrechnungen zu angeblichen Wohlstandsgewinnen allein diese Ziele nicht erreicht werden können. Damit freier Handel sich in der politischen Realität durchsetzen kann, braucht es Modelle, wie diese Wohlstandsgewinne gerechter verteilt werden können.

Das Ende der Armut

Für viele Kritiker der Globalisierung ist der freie Handel Schuld an der Ausbeutung der Entwicklungsländer und verantwortlich für die Armut, in der nach wie vor mehr als fünf Milliarden Menschen leben. Jeffrey Sachs sieht dies anders. Der wohl bekannteste Handelsökonom der Gegenwart hat sich bei der Sanierung verschiedener Länder (Bolivien und Polen beispielsweise) und als unerschrockener Kämpfer gegen die Armut einen Namen gemacht. Zusammen mit dem Rockstar Bono setzt er sich unermüdlich dafür ein, dass den ärmsten Ländern die Schulden erlassen werden und dass die reichen Länder endlich mehr Entwicklungshilfe leisten. Sachs war auch maßgebend beteiligt am Millennium-Programm der UNO, das sich das ehrgeizige Ziel gesetzt hat, die extreme Armut bis zum Jahr 2015 zu besiegen. Das Ziel: Kein Mensch sollte mehr gezwungen sein, mit weniger als einem Dollar pro Tag auszukommen.

Für Sachs ist der Gegensatz von Handel und Hilfe eine falsche Sicht der Dinge. «Die armen Länder brauchen Handel plus Hilfe», schreibt er in seinem Buch «Das Ende der Armut», «denn Handelsreformen allein sind längst nicht wirksam genug, um den ärmsten Ländern die Überwindung der extremen Armut zu ermöglichen.» Entwicklungshilfe wird für Sachs aus drei Gründen geleistet. Erstens: Die extremen Unterschiede in der Verteilung des Wohlstandes werden ein bisschen korrigiert. Zweitens: Mit der Entwicklungshilfe helfen sich die Reichen letztlich selber. Das Verhindern von so genannten gescheiterten Staaten ist die wirkungsvollste Maßnahme gegen Terrorismus und internationalen Drogenhandel. Drittens: Die Gebote der Aufklärung verpflichten uns zur Hilfe an den Ärmsten; Fortschritt und Erkenntnis sind keine Illusion, sondern machbar. Moral und Vernunft zwingen uns, einen Kapitalismus mit einem menschlichen Gesicht anzustreben.

Jeffrey Sachs umgibt sich nicht nur mit Rockstars, er ist inzwischen selbst ein Star geworden. Staatsoberhäupter wie Tony Blair, Bill Clinton und Angela Merkel ließen und lassen sich gerne mit ihm fotografieren. Doch Sachs hat nicht nur Fans, sondern auch Kritiker. Einer von ihnen ist der New Yorker Ökonomieprofessor William Easterly. Er wirft Sachs vor, mit seinen bombastischen Hilfsaktionen mehr Schaden anzurichten als Nutzen zu stiften. Dessen Sicht, die Ärmsten brauchten einfach eine kräftige Anschubfinanzierung, um der Armutsfalle zu entrinnen, hält er für falsch. Armut ist für Easterly nicht immer gleich Armut, und Hilfe ist nur dann wirksam, wenn sie auf fruchtbaren Boden fällt. Gerade dies verhindern aber korrupte Politiker und eine wirtschaftsfeindliche Kultur, unter der viele der ärmsten Länder leiden. «Der ‹große Anschub› wird nicht funktionieren, wenn das Problem eine schlechte Regierung ist und nicht die Armutsfalle», schreibt Easterly in seinem Buch «Wir retten die Welt zu Tode». Spektakuläre Hilfsaktionen würden den Ärmsten kaum helfen. Sie seien nur deshalb so beliebt, weil sie das Gewissen der Reichen im Westen beruhigten.

Wer abzockt und wer an Einkommenskrücken geht: Stock Options und Kombilöhne

Stock Options sind Aktienbezugsrechte. Mit ihnen werden Manager am Erfolg eines Unternehmens beteiligt. Der Kombilohn ist ein staatlicher Lohnzuschuss. Mit ihm werden Arbeitnehmerinnen und Arbeitnehmer unterstützt, deren Lohn nicht zum Leben ausreicht. Beide sind eine Folge der Globalisierung, die das Lohngefüge auf den Arbeitsmärkten durcheinandergebracht hat.

Managerlöhne sind zu einem politischen Dauerthema in den modernen Gesellschaften geworden. Die Wut auf die «Abzocker» in den Chefetagen ist längst kein linkes Phänomen mehr, sondern hat breite Kreise des Mittelstandes erfasst. Angesichts der Lohnentwicklung ist das auch nicht weiter verwunderlich. Nach dem Zweiten Weltkrieg hat ein Spitzenmanager rund ein Dutzend Mal mehr verdient als ein durchschnittlicher Arbeitnehmer, heute kassieren die Topleute zweistellige Millionbeträge pro Jahr und damit mehrere hundert Mal so viel wie Otto Normalverbraucher. Nicht nur die soziale Gerechtigkeit wird durch die exorbitanten Managerlöhne gefährdet, auch Aktionäre fühlen sich betrogen und fordern deshalb mehr Transparenz und strengere Richtlinien bei den Gehältern der Spitzenkräfte.

Für das Auseinanderklaffen der Lohnschere gibt es verschiedene Gründe. Der Kollaps der ehemals kommunistischen Staaten im Osten hat die Angst vor dem Sozialismus zum Verschwinden gebracht. Die Gewerkschaften werden durch das so genannte Outsourcing von Arbeitsplätzen geschwächt. Allein die Androhung, Arbeitsplätze in Billiglohnländer zu verlegen, lässt den Ruf nach höheren Löhnen verstummen. So stagnieren etwa in Deutschland die Einkommen seit den Neunzigerjahren, und in der Schweiz sind die Löhne in den Jahren 2006 und 2007 trotz eines Wirtschaftswachstums von insgesamt 4,3 Prozent gemäß offizieller Statistik nicht gestiegen.

Die spektakulärsten Einkommen, Hunderte von Millionen Dollar im Jahr, werden in der Regel mit Hilfe von so genannten Stock Options erzielt. Diese Aktienbezugsrechte (→ Derivate) werden als Anreiz für Manager und Kaderleute eingesetzt, als Boni zu einem Grundlohn. Sie sind abhängig von der Entwicklung des Aktienkurses. Wenn es also dem Management gelingt, den Börsenwert eines Unternehmens zu steigern, dann kann es mittels Stock Options von dieser Wertsteigerung profitieren. Auf den ersten Blick scheint damit ein zentrales Problem moderner Publikumsgesellschaften gelöst: Der Widerspruch der Interessen von Eigentümer und Manager löst sich elegant in Luft auf (→ Corporate Governance). Dank der Stock Options haben nun beide das gleiche Interesse, nämlich einen möglichst hohen Aktienkurs. In den letzten 20 Jahren haben sich deshalb Stock Options in der Wirtschaft verbreitet wie ein Buschfeuer. Zwischen 1983 und 1998 nahm beispielsweise in den USA der Anteil der Entlöhnung eines CEOs mittels Stock Options von rund 20 auf über 45 Prozent zu.

Lange hatten sie einen weiteren Vorteil: Sie mussten nicht in der jährlichen Gewinn- und Verlustrechnung ausgewiesen werden. Das bedeutet, dass ein Teil der Lohnkosten aus der Erfolgsrechung verschwindet und damit automatisch der Gewinn steigt. In den Neunzigerjahren haben die Jungunternehmen in Silicon Valley diesen Bilanztrick gerne angewandt. Sie zahlten ihren Mitarbeitern sehr bescheidene Löhne und gaben ihnen dafür reichlich Stock Options. Für ein paar wenige Glückliche, beispielsweise für die frühen Mitarbeiter von Netscape, eBay, Amazon, aber auch von Microsoft, war dies wie ein Sechser im Lotto, sie wurden nach dem erfolgreichen Börsengang ihrer Firma über Nacht Millionäre (→ Börsengang). Allerdings, auch für Kalifornien gelten die üblichen Lottoregeln. Die meisten Mitarbeiterinnen und Mitarbeiter zogen Nieten, sie hatten jahrelang für einen Hungerlohn malocht und mussten dann zusehen, wie ihre Optionen verfielen; sei es, weil es ihr Unternehmen nie an die Börse schaffte, oder sei es, weil die Aktien im Börsencrash von 2002 abstürzten.

Inzwischen sind die Bilanzierungsvorschriften verschärft worden, und es ist eher verpönt, Mitarbeiter mit Stock Options statt mit Cash zu entlöhnen. Als Bonusinstrument für das Management werden die Aktienbezugsrechte jedoch weiterhin eingesetzt. Allerdings mehren sich auch hier die skeptischen Stimmen. Der Einfluss des Managements auf den Börsenwert einer Firma sei nicht so groß, wie oft behauptet wird, monieren die Kritiker. Ausgerechnet eine Studie der Beraterfirma McKinsey gibt ihnen Recht. Sie hat ergeben, dass im Jahr 2000 kurzfristig nur rund 30 Prozent der Wertsteigerung eines Unternehmens an der Börse durch das Management beeinflusst war, der Rest aber durch den Gesamtmarkt. Anders ausgedrückt: Der Börsenwert einer Firma nimmt in einer Hausse automatisch zu und fällt umgekehrt ebenso zwangsläufig in einer Baisse, egal, was das Management tut.

Mit Stock Options wird somit eine weitgehend fiktive Leistung belohnt. Schlimmer noch, wenn der Bonus direkt an die Performance der Aktie gekoppelt wird, kann dies das Verhalten des Managements sogar zum Schaden der Firma verändern. Im Interesse einer raschen Steigerung des Aktienkurses bemüht sich das Management, kurzfristige Erfolge zu erzwingen, und nimmt dabei unter Umständen sogar in Kauf, dass das Unternehmen langfristig geschädigt wird. Angesichts der immensen Summen, die dank Stock Options zu verdienen sind, schrecken skrupellose Manager selbst vor kriminellen Handlungen nicht zurück. Verschiedene Topmanager sind in den USA angeklagt und inzwischen auch verurteilt worden, weil sie Stock Options zurückdatiert hatten, das heißt, sie haben das Verfallsdatum ihrer Aktienbezugsrechte nachträglich gefälscht und ein Datum eingesetzt, an dem der Aktienkurs so tief war, dass sie auf jeden Fall kräftig abkassieren konnten. Hätten sie dies nicht getan, dann wären ihre Optionen wertlos verfallen, denn Optionen sind Derivate. Sie haben keinen Wert an sich (→ Derivate).

Während die Manager dank Stock Options zwei- bis dreistellige Millionengehälter einstreichen können, setzt der Kombilohn am anderen Ende der Einkommensskala an. Er hilft, wenn der normale Lohn nicht ausreicht, den Lebensunterhalt zu bestreiten. Warum braucht es überhaupt so eine Einkommenskrücke? Sollte es nicht selbstverständlich sein, dass jede Frau und jeder Mann von der Arbeit in Würde leben kann? Offenbar nicht. Das gutbürgerliche Prinzip «Arbeit lohnt sich» wird durch die Entwicklung der Arbeitsmärkte im Zeitalter der Globalisierung in Frage gestellt.

Die Zeit nach dem Zweiten Weltkrieg war von einer vernünftigen Wirtschaftspolitik geprägt. Die westlichen Siegermächte hatten ihre Lektion aus dem Desaster nach dem Ersten Weltkrieg gelernt. Sie verzichteten darauf, die Verlierer zu unsinnig hohen Reparationszahlungen zu zwingen, im Gegenteil: Dank dem so genannten Marshall-Plan erhielten auch die besiegten Achsenmächte Aufbauhilfe. Schon 1944 hatten die Siegermächte in Bretton Woods im US-Staat New Hampshire die Verträge für den Internationalen Währungsfonds (IWF) und seine Schwesterorganisation, die Weltbank, unterzeichnet und damit die Grundlage für ein stabiles, internationales Finanzsystem geschaffen. Der IWF sollte dabei wie ein Stoßdämpfer die Wirkung von wirtschaftlichen Schocks abfedern und kurzfristig als Samariter für in Not geratene Länder agieren. Die Weltbank hat den Auftrag, langfristig in Entwicklung zu investieren (→ Welthandel).

Diese Politik zahlte sich aus, die industrialisierten Staaten des Westens erlebten einen Wirtschaftsboom, wie sie ihn sich in den kühnsten Träumen nicht hätten vorstellen können. Im Westen wurden Vollbeschäftigung und steigende Löhne normal. Nicht Überfluss, sondern Mangel charakterisierte den Arbeitsmarkt, massenhaft wurden Gastarbeiter ins Land geholt. Die ersten drei Jahrzehnte der Nachkriegszeit werden rückblickend auch die «goldenen 30 Jahre» genannt (→ Superkapitalismus). Allerdings: Der kommunistische Osten und die Entwicklungsländer waren von diesem Boom ausgeschlossen. Die Sowjetunion wollte die Verträge von Bretton Woods nicht ratifizieren. China und Indien, vom

Kolonialismus traumatisiert, weigerten sich aus Prinzip, am Welthandel teilzunehmen, und setzten stattdessen auf eine autonome Entwicklung. Deshalb waren die «goldenen 30 Jahre» eine Wirtschaftsparty für die so genannte Triade, sie wurde in den USA, Europa und Japan gefeiert.

Der Umschwung kam mit dem Ende des Kalten Krieges. Die erste Phase der Globalisierung wurde eingeläutet (→ Die flache Welt). Die Sowjetunion kollabierte, China wandte sich dank der neuen Politik von Deng Xiaoping vermehrt dem Westen zu und trat später der Welthandelsorganisation WTO bei. Auch Indien hatte genug von der Autarkie: Die Wirtschaft lag am Boden, die Armut war riesig, Zyniker sprachen angesichts der misslichen Lage von der «Hindu-Wachstumsrate». Die Tatsache, dass der ehemals kommunistische Osten, China und Indien zu Teilnehmern am Welthandel wurden, hatte dramatische Folgen für die Arbeitsmärkte. Über Nacht verdoppelte sich das Angebot an Arbeitskräften von rund 1,5 Milliarden auf 3 Milliarden. Ökonomisch gesprochen erlebten die Arbeitsmärkte einen «Angebotsschock». In den aufstrebenden Ländern der Dritten Welt bildeten sich unzählige Exportproduktionszonen (EPZ). Dort fertigen Millionen von Arbeitskräften zu einem Bruchteil des Lohnes eines westlichen Arbeiters Kleider, Turnschuhe, Laptops und Computerchips (→ Supply Chains). Die Unternehmen werden nicht nur mit Billigstlöhnen angelockt, sondern müssen in der Regel auch keine Steuern zahlen und sich nicht mit Gewerkschaften abmühen.

Der Angebotsschock auf den Arbeitsmärkten bringt einen primären Pfeiler der Wirtschaftspolitik ins Wanken: die Vollbeschäftigung. Sie wird immer mehr zum Wunschtraum. In der Realität ist in den Industriestaaten die Massenarbeitslosigkeit durch die

Hintertür wieder zurückgekehrt. Deshalb ist der Staat auf dem Arbeitsmarkt immer stärker gefordert. Zu einem beliebten Instrument der Arbeitspolitik entwickelt sich dabei der Kombilohn. Das bedeutet, dass der Staat die Arbeit von in der Regel schlecht qualifizierten Arbeitskräften subventioniert, um zu verhindern, dass diese Arbeitsplätze ganz verschwinden und in Billiglohnländer abwandern. In den USA und Großbritannien erfüllt die so genannte negative Einkommenssteuer den gleichen Zweck: Wer weniger als ein Minimaleinkommen bezieht, muss dem Staat keine Steuern abliefern, sondern er erhält im Gegenteil eine Unterstützung, allerdings nur, wenn er einer Arbeit nachgeht.

Überall im Westen haben die staatlichen Lohnsubventionen explosionsartig zugenommen. 1970 war der Kombilohn in Europa noch praktisch unbekannt. 2006 gab es gemäß Informationen der OECD, dem wirtschaftspolitischen Think-Tank der Industriestaaten, in Belgien bereits 23 Prozent staatlich unterstützte Arbeitsplätze. In Frankreich und Deutschland waren je 16 Prozent, in Schweden 12 Prozent der erwerbstätigen Bevölkerung in staatlichen Arbeits- und Ausbildungsprogrammen beschäftigt.

Erweitert hat sich auch das Instrumentarium, das für Vollbeschäftigung sorgen soll. Mit der «Workfare» soll verhindert werden, dass Menschen in die Wohlfahrtsfalle geraten. Deshalb wird Sozialhilfe an die Bedingung geknüpft, dass sich die Empfängerin oder der Empfänger ernsthaft um Arbeit bemühen muss. Unter dem Stichwort «Dienstbotengesellschaft» wird auch vermehrt versucht, bisher unbezahlte Arbeit in bezahlte zu verwandeln. Ein Beispiel dafür ist der Vorschlag, dass für Kinder, die zuhause aufgezogen werden, die gleichen Zuschüsse entrichtet werden wie für staatliche Krippenplätze.

Wer hat Angst vor dem Outsourcing?

Outsourcing ist zum Schreckgespenst in den Industriestaaten geworden. Was ist damit überhaupt gemeint? Jagdish Bhagwati, Professor an der Columbia University und einer der führenden Handelsökonomen, liefert folgende Definition: «Outsourcing bedeutet Import von Dienstleistungen aus dem Ausland über elektronische Medien wie Telefon, Fax oder Internet.» Wegen des Outsourcings fürchten sich nicht nur Industriearbeiter, sondern auch Menschen im Dienstleistungssektor zunehmend vor der Billigkonkurrenz aus Asien und Osteuropa. Bisher sind diese Ängste weitgehend unbegründet. Im Jahr 2005 betrug in der Schweiz der Anteil der ausgelagerten Dienstleistungen am Bruttoinlandprodukt gerade mal 1,6 Prozent, in Deutschland lag er bei 2,3 Prozent. Das zeigt eine Studie des Internationalen Währungsfonds (IWF). Die meisten dieser Auslagerungen gehen zudem nicht in Billiglohnländer, sondern in andere Industriestaaten.

Outsourcing ist im Grunde genommen nichts anderes als der gute alte Strukturwandel in einem modischen Kleid. In der Schweiz funktioniert dieser Strukturwandel nach wie vor: In den letzten zehn Jahren sind zwar tatsächlich rund 150 000 Arbeitsplätze im Industriesektor zerstört worden. Umgekehrt jedoch wurden 250 000 Dienstleistungsjobs geschaffen. Woher stammt also die Angst vor dem Outsourcing? Einerseits kommt sie aus der Ungewissheit. Wir wissen, welche Arbeitsplätze zerstört werden, können aber nur schwer abschätzen, was für Arbeitsplätze neu entstehen. William Nordhaus, Ökonom an der Yale University, hat aufgezeigt, dass vor hundert Jahren mehr als die Hälfte der heutigen Jobs nicht bekannt war. Wer hat damals von Webmastern, Nanotechnikern oder Nagelkosmetikerinnen gehört? Zweitens gibt es beim Outsourcing tatsächlich Verlierer. Vor allem ältere Arbeitnehmerinnen und Arbeitnehmer verlieren ihren Job, ohne einen adäquaten Ersatz zu finden, jüngere müssen oft umgeschult werden. Es braucht deshalb soziale Institutionen, die sich um die realen Opfer des Outsourcings kümmern (→ Flexicurity).

Globalisierung und Staat

Smarte und dumme Wunderwaffen: Flat Tax und andere Steuern

Flat Tax oder höhere Steuern für Reiche? Mehr Steuerwettbewerb oder mehr soziale Sicherheit? Die Steuerpolitik ist in der globalisierten Welt ein ideologisches Schlachtfeld geworden – aber auch entscheidend für den Wohlstand eines Landes.

Steuerpolitik ist ein zentrales Lenkungssystem jeder Volkswirtschaft. Das gilt speziell in der «flachen Welt» der Globalisierung (→ Die flache Welt). In einem immer härter werdenden Standortwettbewerb versuchen die einzelnen Länder, sich gegenseitig mit tiefen Steuersätzen die guten Steuerzahler abspenstig zu machen. Führt das zwangsläufig zu einem Wettlauf nach dem tiefsten Steuersatz?

Die Gefahr lässt sich nicht leugnen. Länder wie Irland und die Schweiz und neuerdings auch Vertreter des ehemals kommunistischen Ostens haben mit tiefen Steuern den Standortwettbewerb angeheizt. Das hat dazu geführt, dass vor allem die Unternehmenssteuern in Europa am Sinken sind. Der Standortwettbewerb wiederum beeinflusst das politische Klima. Zwischen der Schweiz und der EU herrscht in Sachen Steuern ein Dauerstreit. Auch innerhalb der EU ist die Stimmung gereizt. Eine spezielle Kommission bemüht sich nun um eine Harmonisierung der Steuern.

Das ist leichter gesagt als getan: Steuern sind ein politisch brisantes Thema. Für die Rechte gibt es kaum ein Problem auf dieser Welt, das nicht mit einer Steuersenkung gelöst werden könnte. Für die Linke ist jede Steuersenkung per definitionem ein Geschenk an die Reichen. Auf diesem ideologischen Schlachtfeld haben nüchterne Fakten kaum Chancen, überhaupt wahrgenommen zu werden. So behaupten die Rechten fast gebetsmühlenartig: Nur Steuerwettbewerb verhindert viel zu hohe Steuern. Sie übersehen dabei aber, dass ausgerechnet die USA bewusst den Steuerwettbewerb unter den einzelnen Bundesstaaten verhindern und trotzdem eine der tiefsten Steuerbelastungen der Welt aufweisen. Linke stellen die unsoziale Mehrwertsteuer an den Pranger, weil sie als Konsumsteuer nicht zwischen Arm und Reich unterscheidet, übersehen dabei, dass ausgerechnet die Skandinavier dank hoher Mehrwertsteuersätze die sichersten Sozialsysteme der Welt haben (→ Flexicurity).

Das Grundproblem jedes Steuersystems besteht in einem Widerspruch, der nicht aufzulösen ist: Es kann nicht gleichzeitig fair und einfach sein. Der Versuch, es fair zu machen, macht es kompliziert, und umgekehrt ist ein einfaches System zwangsläufig ungerecht. Einfache und gerechte Steuern sind deshalb leere Versprechen von zynischen oder dummen Politikern. In der Praxis ist Steuerpolitik stets ein Kompromiss, ein Abwägen der Gebote der Gerechtigkeit und der Effizienz. Dabei gilt, was Otto von Bismarck über das Herstellen von Würsten gesagt hat: Es ist in der Regel besser, wenn man nicht so genau weiß, wie es geschieht. Steuerpolitik ist oft ein wüstes Hauen und Stechen um Interessen, denn in den heterogenen modernen Industriegesellschaften gibt es kaum noch verbindliche Vorstellungen von Fairness. Warum wird beispielsweise Wohneigentum in vielen Ländern steuerlich entlastet? Ökonomisch gesehen gibt es keinen Grund, Hausbesitzer gegenüber Mietern zu bevorzugen, es ist eine rein politische Entscheidung. Selbst gut gemeinte Absichten können in ihr Gegenteil verkehrt werden. Wer kinderreiche Familien oder umweltbewusste Unternehmen fiskalisch belohnen will, schafft dabei auch unfreiwillig Schlupflöcher für Missbrauch. Das Streben nach mehr Steuergerechtigkeit hat deshalb ein paradoxes Resultat: Alle Steuerzahler sind unzufrieden und haben das Gefühl, unfair behandelt und von einer übermächtigen Bürokratie schikaniert zu werden.

Das generelle Unbehagen mit der Steuerpolitik ist ein guter Nährboden für vermeintlich praktische Lösungen. Die wohl bekannteste davon ist die Flat Tax. Sie wird immer wieder neu als Wunderwaffe im Dauerstreit ins Feld geführt. Die Flat Tax ist leicht zu begreifen. Sie ignoriert die Gerechtigkeit und setzt auf Einfachheit: Alle Einkommen werden mit dem gleichen Steuersatz belastet, die Progression, die höhere Belastung von höheren Einkommen, fällt weg, nach einem gesetzlich festgelegten Mindesteinkommen tritt automatisch ein Einheitssteuersatz in Kraft. Gleichzeitig werden sämtliche Abzugsmöglichkeiten gestrichen und damit alle Steuerschlupflöcher gestopft. Die radikale Einfachheit der Flat Tax führt dazu, dass das Ausfüllen der Steuerformulare zum Kinderspiel wird und von jedem Laien auf einem Bierdeckel nach der simplen Formel durchgeführt werden kann: Einkommen minus Freibetrag gleich steuerbares Einkommen. Die Flat Tax wird deshalb gelegentlich auch «Bierdeckelsteuer» genannt. Weil sie so einfach ist, macht sie zudem auch noch die Bürokratie überflüssig. Mit der Flat Tax kann sich der Bürger den Steuerberater, der Staat viele Steuerbeamte sparen.

Die Idee der Flat Tax wurde 1981 vom Ökonomen Robert E. Hall und vom Politologen Alvin Rabushka an der Universität Stanford entwickelt. In den USA ist die Idee der Bierdeckelsteuer jedoch bisher mäßig erfolgreich geblieben. Der Milliardär und Verleger Steve Forbes hat bei seinen beiden Versuchen, US-Präsident zu werden, auf die Flat-Tax-Karte gesetzt und damit Schiffbruch erlitten. Forbes schaffte nicht einmal einen Achtungserfolg in den Vorwahlen der Republikanischen Partei. Gescheitert ist die Flat Tax auch in Deutschland. Bundeskanzlerin Angela Merkel hatte zwar im Wahlkampf 2005 überraschend den Steuerjuristen und Flat-Tax-Enthusiasten Paul Kirchhof ins Spiel gebracht. Der «Professor aus Heidelberg» vermasselte Merkel jedoch beinahe den Wahlsieg und verschwand ebenso rasch von der politischen Bildfläche, wie er aufgetaucht war.

In der Schweiz hat eine Studie des Finanzministeriums für Ernüchterung gesorgt: Selbst bei einem Einheitssatz von 25 Prozent – international gesehen ein hoher Wert – würde die Bierdeckelsteuer Milliardenlöcher in die Bundeskasse reißen. Zudem haben die Abklärungen einen weiteren, schmerzlichen Befund ergeben: Eine Flat Tax würde zu einer massiven Mehrbelastung des Mittelstandes führen. Deshalb ist die Flat Tax zu einem Marketing-Gag verkommen. Einzelne Schweizer Kantone versuchen zwar, mit einem Einheitssteuersatz Leute mit hohen Einkommen anzulocken. Das komplette Flat-Tax-Paket können sie jedoch gar nicht anbieten, weil die Einkommen auch vom Bund besteuert werden. Die Steuerpflichtigen müssen deshalb nach wie vor die komplizierten Steuererklärungen ausfüllen.

Durchgesetzt hat sich die Flat Tax bisher einzig in Osteuropa. Mehr als ein Dutzend der ehemals kommunistischen Länder kennt diese Steuer, darunter die baltischen Staaten, die Ukraine und Rumänien. Eine herausragende Stellung nimmt dabei die Slowakei ein. Sie hat konsequent auf allen Steuern, auch den indirekten, einen Steuersatz von 19 Prozent eingeführt und die Abzüge abgeschafft. Ökonomisch ist die Rechnung aufgegangen, die slowakische Wirtschaft boomt. Allerdings ist umstritten, ob die Flat Tax mit ein Grund für den Boom ist, der im Übrigen nicht dazu geführt hat, dass die Bevölkerung sich mit der Flat Tax angefreundet hat. Premierminister Mikulas Dzurinda und Finanzminister Ivan Miklos, die Väter der slowakischen Bierdeckelsteuer, wurden in den Wahlen 2006 vernichtend geschlagen.

Wenn von der Flat Tax die Rede ist, dann ist in der Regel die persönliche Einkommenssteuer gemeint. Nicht so im Norden: Die Skandinavier kennen ein so genanntes duales Steuersystem. Das persönliche Einkommen wird progressiv besteuert, und zwar nicht zu knapp: Wer viel verdient, bezahlt auch viel Steuern. Die Unternehmen hingegen werden unbürokratisch mit einer relativ tiefen Einheitssteuer belegt, einer Unternehmens-Flat-Tax sozusagen. Die Mehrwertsteuer schließlich ist im Norden ebenfalls sehr hoch. Insgesamt ist der Anteil der Steuern am Bruttoinlandprodukt in Schweden, Dänemark, Norwegen und Finnland groß, diese Länder haben, in der Fachsprache ausgedrückt, eine hohe «Fiskalquote». Trotzdem gehören sie punkto internationaler Wettbewerbsfähigkeit zu den Besten. Wie ist das möglich?

Entscheidend für die Wettbewerbsfähigkeit eines Landes ist

nicht die Fiskalquote, sondern der Steuermix. Dabei spielen nicht nur ökonomische, sondern auch politische Faktoren eine Rolle. Im Fall der Steuern ist dies vor allem die Gerechtigkeitsfrage. Mit einer hohen Progression auf den persönlichen Einkommen sorgen die Nordländer dafür, dass dieses Gebot erfüllt wird. Das wiederum macht politisch möglich, was wirtschaftlich sinnvoll ist: tiefe Unternehmenssteuern. Die Mehrwertsteuer schließlich hat einen Vorteil, der immer noch von vielen übersehen wird: Sie ist standortneutral und damit eine wirkungsvolle Waffe im Standortwettbewerb.

In Ländern wie der Schweiz und Deutschland, aber auch in den USA, werden die Kosten für Sozialleistungen mehrheitlich durch die Lohnnebenkosten gedeckt, einer Art Steuer, die Arbeitgeber und Arbeitnehmer gleichzeitig belastet. Die Amerikaner sprechen deshalb folgerichtig von einer «Payroll Tax», einer Lohnsteuer. Nebst den Kosten für hohe Löhne werden der einheimischen Wirtschaft auch hohe Sozialkosten aufgebürdet, sie verliert deshalb an internationaler Wettbewerbsfähigkeit. Die sozial skrupellosen Unternehmen in Billiglohnländern hingegen werden gleich doppelt belohnt: Sie zahlen tiefe Löhne und kennen oft das Wort «Lohnnebenkosten» nicht einmal vom Hörensagen. Mit der Mehrwertsteuer hingegen verhält es sich anders. Vor der Mehrwertsteuer sind alle Hersteller gleich: Ob ein Unternehmen in Deutschland oder Rumänien produziert, ob in China oder in der Schweiz, spielt keine Rolle. Der Fiskus langt beim Konsument zu. Die Mehrwertsteuer in einem bestimmten Land ist für alle Produzenten gleich, sie wirkt nicht wettbewerbsverzerrend. Einen «Mehrwertsteuer-Wettbewerb» für Konsumenten gibt es hingegen nicht. Selbst innerhalb der EU ist es verboten, unbeschränkt Waren aus einem anderen Land mit tieferer Mehrwertsteuer einzuführen.

Hohe Mehrwertsteuern sind eine Entlastung für einheimische Unternehmen, tiefe Mehrwertsteuern hingegen haben die Wirkung einer Subvention für die ausländische Konkurrenz, speziell für die Billiglohnländer. Dieses Prinzip haben die Skandinavier erkannt und setzen es konsequent um. Die Dänen beispielsweise haben die Lohnnebenkosten fast vollständig durch die Mehrwertsteuer ersetzt. Deshalb haben sie trotz absolut hoher Fiskalquote ihre internationale Wettbewerbsfähigkeit nicht eingebüßt und haben trotzdem genug Geld in der Staatskasse, um ihre Bürgerinnen und Bürger gegen die Gefahren der Globalisierung abzusichern (→ Flexicurity).

Hohe Mehrwertsteuern sind nicht nur wirtschaftspolitisch, sondern auch ökologisch sinnvoll. Als Konsumsteuer tragen sie dazu bei, unnötige Belastungen der Umwelt zu verringern. All dies hat dazu geführt, dass das skandinavische Beispiel Nachahmer findet. In Deutschland hat die Große Koalition die Mehrwertsteuer erhöht, um die Lohnnebenkosten zu senken. In Frankreich hat Präsident Nicolas Sarkozy ähnliche Reformen angekündigt.

Kopfsteuern können Kopf und Kragen kosten

Einheitliche Kopfsteuern werden in der Regel als ungerecht empfunden und können deshalb gravierende politische Konsequenzen haben. Das hat in jüngster Vergangenheit Margaret Thatcher erfahren müssen. Die «Eiserne Lady» wollte in Großbritannien das System der Gemeindesteuern umstellen. Die progressive Grundstücksteuer sollte durch eine pauschale Kopfsteuer ersetzt werden. Diese so genannte «Poll Tax» wurde selbst von konservativen Briten als zutiefst unfair empfunden. Für Lady Thatcher wurde sie zum Waterloo. Nach schweren Krawallen im März 1990 wurde sie von der eigenen Partei zum Rücktritt gezwungen.

Der leuchtende Polarstern: Flexicurity

Die Skandinavier haben ein Rezept entdeckt, wie man Sozialstaat und Globalisierung unter einen Hut bringen kann: Flexicurity.

Nach dem Ende des Kalten Krieges schien alles klar zu sein: Der kapitalistische Westen hatte den Kommunismus besiegt, die Zukunft gehörte definitiv dem Zwillingspaar Marktwirtschaft und Demokratie. Der Politologe Francis Fukuyama veröffentlichte seine mittlerweile legendäre These vom Ende der Geschichte, in intellektuellen Kreisen diskutierte man nicht mehr ob, sondern wann das Auslaufmodell Nationalstaat endgültig gescheitert sein würde. Typisch für das Denken dieser Zeit ist das Bild der «goldenen Zwangsjacke», die sich jedes Land überstreifen muss. Eine Nation, die sich eine solche Jacke überzieht, verliert zwar Teile ihrer nationalen Souveränität und muss sich dem Zwang der internationalen Investoren unterordnen. Dafür fließt reichlich Kapital ins Land, das die Wirtschaft zum Blühen bringt. Thomas Friedman beschreibt diese Zwangsjacke in seinem Buch «The Lexus and the Olive Tree» wie folgt: «Damit die ‹goldene Zwangsjacke› passt, muss ein Land folgende goldene Spielregeln übernehmen oder sich zumindest in diese Richtung bewegen: Der private Sektor ist der primäre Motor des wirtschaftlichen Wachstums, die Inflation muss tief und stabile Preise müssen gewährt sein, die staatliche Bürokratie muss verkleinert werden, das Staatsbudget ausgeglichen sein, ja möglichst einen Überschuss aufweisen, Zölle müssen eliminiert oder mindestens gesenkt werden, es darf keine Restriktionen für ausländische Investitionen geben, Importquoten und einheimische Monopole müssen verschwinden, Exporte werden gefördert, Staatsbetriebe privatisiert, die Finanzmärkte dereguliert, die Währung wird frei konvertierbar, die Wirtschaft öffnet sich für ausländische Investoren; um den Wettbewerb zu fördern, wird auch der Binnenmarkt dereguliert, die staatliche Korruption muss ausgerottet werden, Subventionen sollen wenn möglich verschwinden, das Bankenwesen und die Telekom-Industrie werden privatisiert, der Bürger erhält die Möglichkeit, zwischen mehreren Pensionskassen auswählen zu können.»

Zu dieser Zeit und in dieser Optik schien es nur noch eine Wahl für jede einzelne Nation zu geben: entweder sich den Bedingungen der «goldenen Zwangsjacke» zu unterwerfen oder sich aus der Globalisierung auszuklinken. Ähnlich wie beim «Washington Konsens» (→ Welthandel) galt die Gesetzmäßigkeit: Wer sich nicht den Spielregeln der Globalisierung unterwirft, wird sofort bestraft. Die Banker, Pensionskassenmanager und andere Investoren drehen den Kapitalhahn zu und erklären das renitente Land zur wirtschaftlichen Wüste. Und diese «elektronische Herde», wie Friedman die Geldmanager nennt, ist allmächtig. Deshalb werden politische Optionen für die Bürgerinnen und Bürger etwa so relevant wie die Wahl zwischen Pepsi und Coca-Cola.

Heute zeigt sich, dass Nationen auch ohne «goldene Zwangsjacke» in der globalisierten Wirtschaft florieren können. Das beste Beispiel sind die skandinavischen Staaten. Im Norden Europas hat der Sozialstaat nicht nur eine lange Tradition, er erfreut sich auch bester Gesundheit. Wer viel verdient, zahlt hohe Steuern; Schweden, Dänemark, Finnland und Norwegen haben die höchsten Fiskalquoten der Welt. Umgekehrt sind die Sozialleistungen üppig. Junge Paare beispielsweise können sich dank dem Elterngeld bis zu 68 Wochen um ihren Nachwuchs kümmern, Arbeitslose erhalten bis zu vier Jahren ihren vollen Lohnersatz. Und trotzdem sind diese Länder keineswegs am Verlumpen. Im Gegenteil: Bei internationalen Vergleichen über die Wettbewerbsfähigkeit der Volkswirtschaften belegen sie mit großer Regelmäßigkeit Spitzenplätze.

Die Finnen sind Pisa-Weltmeister in Serie, sie können sich rühmen, die klügsten Schülerinnen und Schüler der Welt zu haben. Wenn es um Bildungspolitik geht, kommt man nicht mehr an Helsinki vorbei. Es kursiert sogar der Witz, dass eine finnische Schulklasse aus einem Lehrer, Schülern und einem ausländischen Beobachter besteht. Auch wirtschaftlich geht es den Finnen glänzend. Obwohl der Kollaps der Sowjetunion das Land an den Rand des Abgrundes führte, konnte es sich rasch auffangen und gehört, was die internationale Wettbewerbsfähigkeit betrifft, zu den Besten.

Die Norweger haben gar das höchste Pro-Kopf-Einkommen der Welt. Das hat hauptsächlich mit ihrem Ölreichtum zu tun. Doch während in anderen Ölländern eine schmale Elite ihren Reichtum durch demonstrativen Luxus verprasst, gehen die Norweger einen ganz anderen Weg. Sie haben einen der größten Staatsfonds der Welt angelegt (→ Staatsfonds). Anfang 2008 betrug sein Vermögen rund 350 Milliarden Dollar. Sie verfolgen damit zwei Ziele: Die kommenden Generationen sollen vom Ölsegen profitieren und ebenso die Ärmsten dieser Welt. Im Verhältnis zum Bruttoinlandprodukt gibt Norwegen von allen Staaten am meisten Geld für Entwicklungshilfe aus. Auch sonst bemühen sich die Norwegerinnen und Norweger um Fairness. So gibt es neuerdings ein Gesetz, das Publikumsgesellschaften vorschreibt, dass mindestes 40 Prozent der Verwaltungsräte weiblich sein müssen. Sonst droht die Zwangsversteigerung.

Schweden war lange der Muster-Sozialstaat der Nachkriegszeit. Zu Beginn der Neunzigerjahre stand das Land vor dem Bankrott und schien endlich den neoliberalen Kritikern Recht zu geben. Mit gezielten Reformen haben die Schweden jedoch den Sozialstaat umgebaut, nicht abgerissen. Mit Erfolg. Die Wirtschaft ist in den letzten zehn Jahren durchschnittlich um rund 2,5 Prozent gewachsen, international ein Spitzenwert, und die Staatskasse ist saniert.

Ebenso spektakulär ist der wirtschaftliche Aufschwung in Dänemark. Dabei war die Lage der Dänen zu Beginn der Neunzigerjahre noch katastrophal: 13 Prozent Arbeitslose, leere Kassen und Nullwachstum. 2007 waren nur noch drei Prozent der Menschen ohne Job, und die Jugendarbeitslosigkeit ist gänzlich verschwunden. Dank dieser spektakulären Genesung gilt Dänemark deshalb als Muster-Reformland, sein System der «Flexicurity» ist weltberühmt geworden. Was aber ist Flexicurity? Der Begriff setzt sich zusammen aus den englischen Wörtern «flexibility» (Flexibilität) und «security» (Sicherheit). Was darunter zu verstehen ist, beschreibt der ehemalige Ministerpräsident und politische Vater der Flexicurity, Poul Nyrup Rasmussen, in einem Artikel der «Zeit» wie folgt:

Erstens: Mobilität muss mit Sicherheit gekoppelt werden. Dänemark hat heute einen der flexibelsten Arbeitsmärkte der Welt. Wer seinen Job verliert, muss aber nicht um seine Existenz fürchten. «Die Kombination von Flexibilität und Sicherheit verhindert Ungleichheit, reduziert die Arbeitslosigkeit und beseitigt Engpässe auf dem Arbeitsmarkt», sagt Rasmussen. Weil sich die Dänen sicher fühlen, ist der Arbeitsmarkt äußerst flexibel. Ein Drittel der Arbeitnehmer wechselt jedes Jahr den Job.

Zweitens: Arbeitslose müssen ermutigt werden, einen neuen Job zu suchen. Die Dänen haben in den Neunzigerjahren die Bezugsdauer des Arbeitslosengeldes von neun auf vier Jahre reduziert. Für deutsche und Schweizer Ohren ist das immer noch unglaublich lang, für die Skandinavier war dies eine kleine Revolution. Arbeitslose werden aber bei der Suche nach einem Job aktiv unterstützt. Rasmussen spricht bei Arbeitslosigkeit nicht von einer Armutsfalle, sondern von einem «Sprungbrett für neue Beschäftigungsmöglichkeiten».

Drittens: Die Kinderbetreuung ist dank staatlicher Unterstützung billig und trotzdem qualitativ hochstehend, der Mutter- oder Vaterschaftsurlaub dauert 16 Monate. Das rechnet sich volkswirtschaftlich. Die Dänen geben ihren Beruf nicht auf, wenn sie Kinder kriegen. Die Folge: Sie haben eine der höchsten Erwerbsquoten Europas.

Viertens: Die Dänen haben massiv in Aus- und Weiterbildung investiert. Die Politik des lebenslangen Lernens bringt ihnen heute schnelle und effiziente Lösungen für Engpässe des Arbeitsmarktes.

Fünftens: Die Haltung hinter den Reformen. In Deutschland und der Schweiz sind die Reformen mit Schmerz verbunden. Die Politiker und Ökonomieprofessoren singen das hohe Lied des Verzichts, der jetzt nötig sei, und drohen mit einem Absturz ins Armenhaus, wenn man den Gürtel nicht enger schnallt. In Dänemark war die Stimmung eine ganz andere: «Wir glauben an dich. Jeder zählt. Du kannst etwas tun. Gemeinsam erreichen wir ein besseres Leben», lautete die Botschaft.

Das dänische Beispiel zeigt, dass der erfolgreichste Weg aus der Krise über eine intelligente Förderung des Wirtschaftswachstums führt. Die Flexicurity finanziert sich selbst. Weiterbildung und sanfter Druck führen dazu, dass die Arbeitslosigkeit sinkt, die Kosten für die Sozialwerke sinken ebenfalls, die Leute haben mehr Geld in der Tasche, konsumieren mehr, die Unternehmen investieren, stellen Leute ein, die Arbeitslosigkeit sinkt. In einem Punkt ist die Rechnung von Poul Nyrup Rasmussen allerdings nicht aufgegangen: bei der Ausländerfrage. Die Dänen wollen ihre Flexicurity nicht mit Fremden teilen. 2001 schickten sie die sozialdemokratische Regierung in die Wüste und wählten eine liberal-konservative Koalition. Doch diese musste zuerst dem Neoliberalismus abschwören und versprechen, den Sozialstaat und seine Leistungen nicht anzutasten. Sie verfolgt jedoch eine äußerst restriktive Einwanderungspolitik. Das hat dazu geführt, dass Dänemark einen Ausländeranteil von bloß fünf Prozent hat.

Wer das Prinzip der Flexicurity, die Verknüpfung von Flexibilität und Sicherheit, konsequent zu Ende denkt, landet schließlich beim bedingungslosen Grundeinkommen. Diese Idee gewinnt zunehmend an Bedeutung. In Deutschland wird sie beispielsweise bei den Grünen, aber auch bei der CDU diskutiert. Was hat man sich darunter vorzustellen? Das bedingungslose Grundeinkommen ist ein Freibetrag, der jeder Bürgerin und jedem Bürger ein einfaches Leben in Würde erlaubt, ohne dass er dafür arbeiten muss.

Was auf den ersten Blick wie eine Utopie aussieht, hat in Tat und Wahrheit eine solide ökonomische Grundlage. Und was zunächst an ein sozialistisches Wunschkind erinnert, hat zumindest einen neoliberalen Elternteil. Milton Friedman selbst, der geistige Vater des Neoliberalismus, hat sich für diese Idee stark gemacht. Heute verteilen sich die Befürworter und Gegner des Grundeinkommens nicht entlang der üblichen Links-Rechts-Fronten. Es geht um die zentrale Frage der modernen Arbeitswelt: Ist Vollbeschäftigung erstens überhaupt noch möglich und zweitens wünschenswert? Und wenn nicht: Wie werden Menschen ohne Arbeit in die Gesellschaft integriert?

Der bekannteste Vertreter des bedingungslosen Grundeinkommens im deutschsprachigen Raum heißt Götz Werner. Er ist gleichzeitig geschäftsführender Gesellschafter der «dm»-Drogeriemärkte und damit Herr über rund 23 000 Angestellte, Professor an der Universität Karlsruhe, bekennender Anthroposoph im Sinne von Rudolf Steiner und Vater von sieben Kindern. Er selbst bezeichnet das Grundeinkommen als Möglichkeit, sein «soziales Herz mit seinem wirtschaftlichen Verstand» zu versöhnen.

Verschiedene Pfade führen zum bedingungslosen Grundeinkommen. Einer davon ist die Abneigung gegen Bürokratie im Allgemeinen und gegen die staatliche im Besonderen. Die Globalisierung hat die nationalen Arbeitsmärkte aus dem Gleichgewicht gebracht, die Politik hat mit Lohnsubventionen in allen möglichen Varianten darauf reagiert (→ Kombilöhne). All dies hat zu einer Bürokratisierung des Arbeitsmarktes geführt, bei der selbst Experten den Durchblick öfter mal verlieren. Und was politisch weit gefährlicher ist: Die undurchsichtige Bürokratie lädt geradezu zum Missbrauch ein. Soziale Abzocker werden zum Dauerthema in den Medien und zur Zielscheibe des Volkszorns. Das bedingungslose Grundeinkommen würde damit aufräumen. Wie bei der «Bierdeckelsteuer» (→ Flat Tax) wird mit dem bedingungslosen Grundeinkommen die Bürokratie ausgehebelt. Das Sozialsystem wird einfach und transparent und kann daher nicht mehr missbraucht werden.

Kombilohn und andere Lohnsubventionen wie die negative Einkommenssteuer (wer arbeitet und unter ein Minimaleinkommen fällt, muss keine Steuern bezahlen, sondern erhält staatliche Zuschüsse) widersprechen der Marktlogik. Mit einem bedingungslosen Grundeinkommen könnten die Kräfte von Angebot und Nachfrage spielen, ohne dass es zu weiteren staatlichen Eingriffen kommen müsste. Aus diesem Grund gibt es auch aus liberalen Kreisen Sympathie für dieses Modell. Thomas Straubhaar, Leiter des Hamburgischen Weltwirtschaftsinstituts (HWWI) spricht sich genau aus diesen Gründen für einen Systemwechsel aus, für ein System, in dem die «marktwirtschaftlichen Prinzipien realisiert werden und in das ein Grundeinkommen als soziale Komponente eingeführt» wird. Die soziale Komponente, von der Straubhaar spricht, macht auch einen radikalen Umbau des Steuersystems möglich. Götz Werner würde alle Steuern abschaffen außer der Mehrwertsteuer. Damit bräuchte es nicht einmal mehr einen Bierdeckel, um die Steuererklärung auszufüllen. Sie würde automatisch mit dem Kassenbon geliefert. Die leidige Steuerwettbewerbs-Diskussion wäre damit ebenfalls auf einen Schlag erledigt.

Es gibt aber auch soziale Gründe für das Grundeinkommen. In der bürgerlichen Gesellschaft ist Arbeit mehr als Broterwerb, der Mensch gewinnt einen großen Teil seiner Identität und seines Stolzes durch seine Arbeit. Wer seinen Job verliert, gerät deshalb nicht nur in materielle Not, er wird in einem gewissen Sinn auch aus der Gesellschaft ausgeschlossen. Die Vollbeschäftigung wird jedoch immer mehr zur Illusion, immer mehr Menschen werden aus der Gesellschaft gedrängt, eine neue Unterschicht entsteht. Ein bedingungsloses Grundeinkommen würde diese Entwicklung stoppen. Arbeit und Einkommen wären getrennt, deshalb würde niemand aus der Gesellschaft geworfen, wenn er seine Arbeit verliert.

Die Arbeit selbst schließlich würde mit einem bedingungslosen Grundeinkommen aufgewertet. Mit Kombilöhnen wird ja paradoxerweise gerade die Arbeit subventioniert, die unattraktiv ist und die niemand machen will: harte Arbeit auf dem Bau, im Schlachthof oder an der Kasse des Warenhauses. Wenn möglich sollte gerade diese Arbeit automatisiert werden. Doch der Kombilohn verhindert genau dies. Warum sollte ein Unternehmer in teure Maschinen investieren, wenn ihm der Staat die Löhne zahlt? Umgekehrt wird wertvolle Arbeit, die sich nicht automatisieren lässt, auf diese Weise relativ verteuert. Ist es sinnvoll, wenn Steuergelder verschwendet werden, um unattraktive Arbeit zu fördern, nur damit stumpfsinnige Routinearbeit verrichtet wird, während auf der anderen Seite das Geld fehlt, um sinnvolle Kulturarbeit zu bezahlen, Kinder zu unterrichten beispielsweise, oder kranke und alte Menschen zu pflegen?

Was spricht gegen das bedingungslose Grundeinkommen? Logisch: die Finanzierung. In der Schweiz lagen die Gesamtkosten für soziale Ausgaben im Jahr 2004 bei 115 Milliarden Franken. Über den Daumen gepeilt würde es 250 Milliarden Franken kosten, wenn jede Schweizerin und jeder Schweizer ein Grundeinkommen von 3000 Franken im Monat beziehen würde. Das hätte eine Mehrwertsteuer von 150 Prozent zur Folge, nicht verkraftbar für die Volkswirtschaft, wie der Freiburger Wirtschaftsprofessor Reiner Eichenberger festgestellt hat. Für Deutschland hat der Ökonom Heiner Flassbeck ausgerechnet, dass die Finanzierung eines Grundeinkommens von 1000 Euro allein über die Mehrwertsteuer zu einer Erhöhung des Steuersatzes um 70 Prozentpunkte führen würde, auch das kein realistisches Szenario.

Diese Zahlen beweisen aber nicht, dass das bedingungslose Grundeinkommen eine Utopie bleiben muss. Erstens ist es schon fahrlässig, überhaupt von Berechnungen zu sprechen. Es sind mehr über den Daumen gepeilte Vermutungen, die auf unsicheren Annahmen beruhen (die Höhe des Grundeinkommens müsste zuerst bestimmt werden etc.). Zweitens lassen sich solche Berechnungen seriös gar nicht machen, weil sich die neue Dynamik, die ein bedingungsloses Grundeinkommen in die Arbeitsmärkte bringen würde, nicht qualifizieren lässt. Und drittens bleibt das Wachstum der Produktivität unberücksichtigt. Seit dem Zweiten Weltkrieg hat sich die Produktivität in den Industriestaaten alle 27 Jahre verdoppelt. Es gibt keinen Grund zur Annahme, dass sich das Wachstum der Produktivität verlangsamen wird. Das bedeutet zweierlei: Erstens wird es immer schwieriger, allen Menschen einen Vollzeitjob anzubieten, vor allem wenn die wöchentliche Arbeitszeit 40 Stunden und mehr beträgt. Zweitens bedeutet es, dass Gesellschaften, die bereits jetzt – historisch gesehen – unglaublich reich sind, noch viel reicher werden.

Das bedingungslose Grundeinkommen ist derzeit noch ein Denkmodell. Es sollte auch auf keinen Fall überstürzt eingeführt werden. Doch es ist keine Utopie. Nichts spricht dagegen, sich diesem Ideal in kleinen Schritten anzunähern. Die steigende Produktivität der Wirtschaft schafft dazu die materiellen Voraussetzungen, und der Erfolg der Flexicurity zeigt, dass dieser Weg auch in der Globalisierung gangbar ist.

Von Knechtschaft und dem Robin-Hood-Paradox

Der Sozialstaat steht im Mittelpunkt der politischen Diskussionen des 21. Jahrhunderts. Ist er in einer globalisierten Welt nicht mehr zu finanzieren oder gilt das Gegenteil: Wohlstand dank Umverteilung?

Friedrich August von Hayek war ein österreichischer Ökonom, Nobelpreisträger und einer der einflussreichsten Denker des 20. Jahrhunderts. Sein berühmtestes Buch trägt den Titel «Der Weg zur Knechtschaft» und wurde 1944 als Kampfschrift gegen die britischen Sozialisten verfasst. Hayek lehrte damals an der London School of Economics. «Der Weg zur Knechtschaft» wurde zur Bibel der neoliberalen Bewegung. Selbst der verstorbene US-Präsident Ronald Reagan, sonst nicht als Bücherwurm bekannt, hat es nachweislich gelesen, Lästerer behaupten allerdings, in einer vereinfachten Version von «Reader's Digest». Hayek postuliert eine extrem puristische Variante des Liberalismus: Der ideale Staat ist im 19. Jahrhundert geschaffen worden und sollte deshalb nicht mehr angetastet werden. Jeder Schritt in Richtung Wohlfahrtsstaat führt automatisch in den Sozialismus oder in den Faschismus und somit in die totalitäre Knechtschaft. Deshalb muss jede Ausdehnung des staatlichen Einflusses über das absolut Notwendige hinaus energisch bekämpft werden.

In den Fünfzigerjahren lehrte Hayek an der Chicago University. Einer seiner gelehrigsten Schüler war Milton Friedman. Er teilte Hayeks Abneigung gegen den Staat und seinen Enthusiasmus für den freien Markt. Die Chicago University wurde zur Hochburg des Neoliberalismus, Friedman zur Galionsfigur einer Wirtschaftspolitik, die im Staat nicht die Lösung, sondern das Problem sieht.

Hayek ist die Antithese zu Karl Marx, sein totaler Markt der natürliche Feind des totalen Staates. Beide Thesen sind bis heute reine Kopfgeburten geblieben. In der realen Welt ist genau das Gegenteil eingetreten. Die vom Kapitalismus ausgebeutete Arbeiterklasse ist heute reicher denn je. Der Sozialstaat hat nicht zum Totalitarismus, sondern zu mehr Wohlstand für viele geführt. Das zeigt Peter H. Lindert, Professor für Ökonomie an der University of California, in seinem Buch «Growing Public». Der Sozialstaat ist ein Kind der Aufklärung und der industriellen Revolution. Er verdankt seine Entstehung nicht idealistischer Sozialromantik, sondern knallhartem, kaufmännischem Kalkül. Um zu verhindern, dass ihre Landarbeiter massenhaft in die Industrie abwanderten, erfanden die englischen Großgrundbesitzer die Armenhilfe. Sie wurde zum Grundstein eines mit Steuern finanzierten Sozialstaates. Aus einer ähnlichen Mischung von politischem Opportunismus und wirtschaftlichem Pragmatismus entstanden im 19. Jahrhundert in den Industriestaaten allmählich die öffentlichen Schulen und das Gesundheitswesen. Der Beinahekollaps des Kapitalismus in den Dreißigerjahren, der New Deal in den USA, der Zweite Weltkrieg und die Angst vor dem Kommunismus brachten schließlich den Sozialstaat in seiner vollen Blüte hervor.

Die neoliberalen Kritiker des Sozialstaates beklagen, dass die damit verbundene Umverteilung den wirtschaftlichen Niedergang zur Folge habe. Lindert kann keine empirischen Beweise für diese These finden. «Weder einfache Vergleiche noch ausgetüftelte Formeln zeigen, dass die Umverteilung einen negativen Einfluss auf das Wirtschaftswachstum gehabt hätte», stellt er fest. Im Gegenteil: Die Sozialstaaten sind wirtschaftlich erfolgreich gewesen. Sie sind immer reicher geworden und verteilen immer mehr an Arme, die es immer weniger nötig haben. Lindert spricht deshalb von einem «Robin-Hood-Paradox».

Die zunehmende Umverteilung hat politische und demografische Gründe. Der Sozialstaat wird in Demokratien von einer Mehrheit gewünscht, und die zunehmende Überalterung der Gesellschaften fördert die Umverteilung. Deshalb haben selbst Margaret Thatcher und Ronald Reagan das Rad der Geschichte nicht zurückdrehen können. Sie konnten die Umverteilung nur bremsen, aber nicht rückgängig machen. In den letzten 25 Jahren sind in den reichen Staaten die Sozialausgaben nur in Ausnahmefällen gekürzt worden.

Währungskrisen: Dollar, Euro, Franken

Das internationale Währungssystem ist der Blutkreislauf der Weltwirtschaft. Es ist anfällig für periodisch wiederkehrende Krisen.

Eines der berühmtesten Zitate der modernen Wirtschaftsgeschichte stammt vom ehemaligen US-Finanzminister John Connally. Als sich die USA unter Präsident Richard Nixon im Jahr 1971 weigerten, weiterhin jederzeit 35 Dollar gegen eine Feinunze Gold einzutauschen, da erklärte der Texaner den geschockten Europäern und Japanern gelassen: «Der Dollar ist unsere Währung, aber euer Problem.» Es ist nicht nur eine historische Aussage, sondern es war auch ein historischer Moment: Mit dieser Weigerung der Amerikaner war auch das Zeitalter des Goldstandards, die Deckung einer Währung durch Gold, zu Ende. Der währungspolitische Pfeiler, auf dem die Weltwirtschaft geruht hatte, war eingestürzt.

Dabei war der Goldstandard ironischerweise das Resultat eines Rechenfehlers. Sir Isaac Newton war nicht nur ein genialer Physiker, er war auch im Dienste seiner Majestät als «Master of the Mint» tätig. 1717 begünstigte er bei einer Währungsreform des englischen

Pfunds Gold gegenüber Silber. Auch die Banker des 18. Jahrhunderts erkannten ein gutes Geschäft, wenn sie eines sahen. Sie nutzten Newtons Lapsus und tauschten Silbermünzen in England mit gutem Gewinn in Gold um, bis, wie Barry Eichengreen in seinem Buch «Vom Goldstandard zum Euro» schreibt, «alle, außer den sehr abgewetzten Silbermünzen, aus der Zirkulation verschwanden». Mit dem Verschwinden der Silbermünzen wurde in England Gold zum alleinigen Anker für die Währung. Dank der industriellen Revolution stiegen die Briten im Lauf des 19. Jahrhunderts zur Weltmacht auf. Im Empire der Königin Victoria entwickelte sich die City of London zum Finanzzentrum der Welt. Das ans Gold gebundene britische Pfund wurde zur globalen Leitwährung. Auf diese Weise setzte sich der Goldstandard weltweit durch.

Der Goldstandard hat einen großen Vorteil: Er verhindert die Entstehung von Inflation. Es ist leicht zu verstehen, weshalb: Wenn sich eine Nationalbank verpflichtet, jederzeit ihre Landeswährung gegen einen bestimmten Goldbetrag einzutauschen, dann kann sie nicht beliebig viel Geld drucken und in Umlauf bringen. Löcher in der Staatskasse können nicht mit Papiergeld gefüllt werden, denn es besteht ja der Zwang, dieses Geld mit Gold zu hinterlegen, und das gelbe Metall ist rar und kann nicht gefälscht werden. Dank des Goldstandards gab es in der zweiten Hälfte des 19. Jahrhunderts in Europa keine nennenswerte Teuerung.

Doch der Goldstandard hat auch einen großen Nachteil: Er verhindert, dass die National- oder Zentralbank mit ihrer Geldpolitik die Konjunkturpolitik unterstützen kann, zum Beispiel mit tiefen Zinsen in Zeiten, in denen Unternehmen Geld brauchen, um zu investieren. Einer der bedeutendsten Ökonomen des 20. Jahrhunderts, John Maynard Keynes, bezeichnet Gold aus diesem Grund als «barbarisches Relikt» und machte Großbritanniens Rückkehr zum Goldstandard nach dem Ersten Weltkrieg verantwortlich für die schweren Rezessionen dieser Zeit. Wirtschaftseinbrüche hatte es auch im 19. Jahrhundert regelmäßig gegeben. Doch die damaligen Nationalbanken mussten sich nicht darum kümmern. Zur Zeit des Kolonialismus waren Amerika und Australien noch «leere Kontinente», wer arbeitslos war, wanderte freiwillig aus oder wurde dazu gezwungen. Weil auch die Gewerkschaften noch schwach waren, konnte eine harte Geldpolitik ohne Rücksicht auf soziale Verluste durchgesetzt werden.

Mit dem Ersten Weltkrieg ging die erste Phase der Globalisierung zu Ende. Auch der Goldstandard wurde vorübergehend außer Kraft gesetzt. Großbritannien war bankrott und die City of London nur noch ein Schatten dessen, was sie in ihrer glanzvollen Vorkriegszeit gewesen war. Die Folge war ein währungspolitisches Chaos. Um ihre Exporte zu erleichtern und damit Arbeitsplätze zu sichern, werteten Länder ihre Währungen willkürlich ab und verschafften sich auf diese Weise kurzfristige Wettbewerbsvorteile. Dieses Vorgehen wird mit dem altenglischen Ausdruck als «beggar thy neighbor»-Abwertungen bezeichnet. Sie haben eine verheerende Wirkung auf den internationalen Handel. Es ist ungefähr so, wie wenn bei einem Fußballmatch jemand aufsteht, um sich eine bessere Sicht zu verschaffen. Alle anderen Zuschauer sind gezwungen, ebenfalls aufzustehen, am Schluss stehen alle und sehen trotzdem nichts. Bei den «beggar thy neighbor»-Abwertungen war das Resultat eine volkswirtschaftliche Katastrophe: Hohe Zölle wurden wieder eingeführt und ein neuer Protektionismus breitete sich aus. Das brachte den internationalen Handel zum Erliegen und führte in die Grosse Depression der Dreißigerjahre.

In den Verträgen von Bretton Woods wurde am Ende des Zweiten Weltkrieges die Basis für einen neuen Goldstandard gelegt (→ Welthandel). Mit der Gründung des Internationalen Währungsfonds (IWF) wurde der Goldstandard gewissermaßen mit Airbags ausgestattet, welche die schlimmsten Konjunkturschocks abfedern sollten. Länder, die in konjunkturelle Schwierigkeiten und deshalb unter Abwertungsdruck gerieten, konnten beim IWF so genannte Sonderziehungsrechte beantragen und damit ihre Kassen sanieren, ohne dass die Nationalbank sofort zu massiven Zinserhöhungen gezwungen wurde. Zudem verpflichteten sich nicht alle Nationalbanken, ihre Währung gegen Gold einzutauschen, sondern nur die neue Weltmacht, die USA. Der Goldstandard à la IWF versprach damit die beste aller Welten: stabile Währungen, keine Inflation, und trotzdem einen beschränkten konjunkturpolitischen Spielraum für die einzelnen Nationalbanken.

Bis 1971 funktionierte dieses System tatsächlich erstaunlich gut. Dafür gab es zwei Gründe: Erstens fand der Boom der Nachkriegszeit zunächst fast ausschließlich in der so genannten Triade statt, im Dreieck zwischen den USA, Europa und Japan, und war damit noch überschaubar. Zweitens schweißte die Angst vor dem Kommunismus den Westen zusammen, es gab in dieser Zeit einen hohen Grad von Kooperation zwischen Nationalbanken und Regierungen. Obwohl das geldpolitische Korsett für den rasch wachsenden Handel und die anschwellenden Kapitalströme eigentlich zu eng geworden war, wurstelte man sich irgendwie durch. Erst der Vietnamkrieg ließ das enge Goldkorsett platzen: Die USA wollten diesen ohnehin unpopulären Krieg nicht über Schulden finanzieren, sondern mit der Notenpresse. Das heizte die Inflation an, der Dollar geriet immer stärker unter Druck. Schließlich musste jemand nachgeben. Im Herbst 1971 schloss Richard Nixon das Goldfenster.

Der endgültige Kollaps des Goldstandards führte diesmal nicht ins Chaos, sondern in ein System, das «Managed Floating» genannt wird. Darunter versteht man eine Regelung, nach der sich der Wert einer Landeswährung nach dem Prinzip von Angebot und Nachfrage auf den Devisenmärkten richtet, bei dem aber die Regierung, respektive die Nationalbank, noch das Recht hat, auf diesen Märkten einzugreifen. Die Größe der Volkswirtschaft spielt dabei eine wichtige Rolle. Große und relativ geschlossene Volkswirtschaften wie die USA oder Japan sind nach wie vor nicht auf Gedeih und Verderb vom internationalen Handel abhängig. Die USA beispielsweise könnten im schlimmsten Fall auch ohne den Rest der Welt auskommen. Sie können deshalb eine nationale Konjunkturpolitik betreiben und den Wechselkurs ihrer Währung nach diesen Interessen ausrichten. Das wollte John Connally mit dem eingangs erwähnten Zitat der Welt klarmachen.

Für die Mehrheit der kleinen, offeneren Volkswirtschaften hingegen ist das Risiko des Floatens sehr groß. Starke Währungsschwankungen haben verheerende Auswirkungen auf die Wirtschaft. Sie machen es für die Unternehmen praktisch unmöglich, vernünftig zu kalkulieren. Kleine Länder suchen deshalb Schutz bei einer starken Leitwährung. Viele asiatische und lateinamerikanische Länder haben ihre Währung aus diesem Grund an den Dollar gekoppelt. Das bedeutet, dass sich ihre Nationalbanken verpflichten, die Landeswährung zu einem bestimmten Verhältnis zum Dollar einzutauschen. Die Europäer hingegen wollten selbst über eine globale Leitwährung verfügen. Eine Mehrheit der EU-Staaten wollte den Euro.

Dass der Euro Realität wurde, ist ein Sieg des politischen Willens über die wirtschaftliche Vernunft. Die Mehrheit der Ökonomen wurde nicht müde, vor der Einheitswährung zu warnen. Zu groß seien die Interessenkonflikte der Länder, zu verschieden ihre Volkswirtschaften. Der Euro sei daher ein Zwangskorsett, er werde die nationalen Volkswirtschaften zu stark einengen und daher einen hohen wirtschaftlichen Tribut fordern. Allen Unkenrufen zum Trotz wurde der Euro am 1. Januar 1999 als Buchgeld und am 1. Januar 2002 als physisches Noten- und Münzgeld eingeführt. Insgesamt 15 der 27 EU-Länder sind auch Euroländer. Zu den prominentesten Euroabwesenden gehören die Briten und die Dänen.

Die Bedenken der Ökonomen waren nicht ganz unbegründet. Immer wieder kommt es innerhalb der Euro-Mitgliedsstaaten zu Interessenkonflikten. Am offensichtlichsten war dies, als die Deutschen und die Franzosen 2005 bekennen mussten, dass sie nicht in der Lage sein würden, die Konvergenzkriterien des Vertrages von Maastricht einzuhalten. Diese besagen, dass die Verschuldung im laufenden Jahr nicht mehr als 3 Prozent des Bruttoinlandprodukts und insgesamt nicht mehr als 60 Prozent davon betragen darf. Das bedeutete konkret, dass die Kernländer der EU ihre Staatsfinanzen nicht im Griff hatten. Sie hatten beide die Obergrenze der Verschuldung überschritten. Dass ausgerechnet die Deutschen diese Konvergenzkriterien verletzen würden, war eine bittere Ironie der Geschichte, hatten doch gerade sie vehement auf möglichst harte Schuldengrenzen gepocht, um chronisch unzuverlässige Länder wie Italien oder Griechenland disziplinieren zu können. Doch die bei der Einführung des Euro weit verbreitete Angst, er könnte sich zu einer chronischen Weichwährung entwickeln und damit die

Gefahr heraufbeschwören, dass es erneut zu einer globalen «beggar thy neighbor»- Abwertungsspirale kommen könnte, hat sich nicht erfüllt. Im Gegenteil: Nicht ein «weicher» Euro, sondern ein «weicher» Dollar wird zur Gefahr für das Weltwirtschaftssystem.

Der Dollar hat sich in den Neunzigerjahren als globale Leitwährung grundsätzlich bewährt. Mit einer klugen Wirtschaftspolitik hat Präsident Bill Clinton den längsten Aufschwung in der US-Geschichte eingeleitet und konnte deshalb auch die Staatsfinanzen sanieren. Als Clinton im Jahr 2000 von seinem Amt zurücktrat, betrug der Haushaltsüberschuss Amerikas mehr als 230 Milliarden Dollar, das Vertrauen in den «Greenback» schien grenzenlos.

Die USA verhalten sich gegenüber ihrer Währung mit einer Haltung, die «Benign Neglect» genannt wird. Auf gut Deutsch bedeutet dies: Den Amerikanern ist der Wert des Dollars auf den Devisenmärkten schnurzpiepegal. Die größte Volkswirtschaft der Welt kann sich diese blasierte Gleichgültigkeit gegenüber einer Kursschwäche des Dollars leisten, wie erwähnt können die Amerikaner schlimmstenfalls auch ohne den Rest der Welt auskommen. Zudem sind ihre Schulden in Dollar notiert. Notfalls könnte die US-Notenbank deshalb sämtliche Verpflichtungen Amerikas gegenüber dem Rest der Welt tatsächlich mit einem Stück «wertlosem Papier» begleichen, wie der iranische Präsident Mahmud Ahmadinedschad den Dollar spöttisch nannte.

Es ist zum Glück ein sehr theoretisches Szenario. Als globale Leitwährung hat der Dollar zwar spezielle Privilegien, aber auch spezielle Verpflichtungen. Ein beträchtlicher Teil des Welthandels wird mit dem Greenback abgerechnet, und Nationalbanken rund um den Globus haben Dollar als Reserven in ihren Tresoren. Und zwar nicht zu knapp: Allein China verfügte Ende 2007 über eine

Dollarreserve von mehr als 1700 Milliarden Dollar, insgesamt beliefen sich die Dollarreserven auf nichtamerikanischen Notenbanken zu diesem Zeitpunkt auf 5700 Milliarden Dollar. Zwischen 2002 und 2007 jedoch hat der Dollar gegenüber den anderen Währungen durchschnittlich mehr als 20 Prozent an Wert eingebüßt, ein immenser Verlust für die betroffenen Nationalbanken. Das internationale Finanzsystem ist offensichtlich aus dem Gleichgewicht geraten. Was ist schiefgelaufen?

In der globalisierten Welt des 21. Jahrhunderts haben die Amerikaner bisher die Rolle des «Konsumenten in letzter Instanz» gespielt. Die aufstrebenden Nationen Asiens, die Tigerstaaten, aber auch die beiden Schwergewichte China und Indien suchen ihr Glück im Export. Ihr Wirtschaftswachstum erzielen sie, indem sie billige Produkte und Dienstleistungen verkaufen, und ihr bei weitem wichtigster Kunde sind die USA. Wenn die chinesische Nationalbank Dollar hortet, tut sie dies nicht aus Mitleid mit den Amerikanern, sondern aus gesundem Egoismus. Ihr geht es darum, den Wechselkurs zum Yuan stabil zu halten, und zwar auf einem tiefen Niveau. Eine Dollarflut würde den Druck zur Aufwertung des Yuan verstärken. Zwar ist die chinesische Währung nach wie vor nicht frei handelbar, aber eine Dollarflut würde das Verhältnis von Dollar zu Yuan so verändern, dass der Aufwertungsdruck immer größer würde. Die Nationalbank von China schützt mit ihren Dollarkäufen die Billigexporte und die damit verbundenen Jobs. Dummerweise setzen auch die Europäer immer stärker auf die Karte Export. Die Deutschen können zwar den Eurokurs nicht mehr beeinflussen, sie haben diese Funktion an die Europäische Zentralbank abgegeben. Dafür haben sie durch eine Politik der bewussten Lohnzurückhaltung ihre internationale Wettbewerbsfähigkeit gestärkt und sind zum «Exportweltmeister» aufgestiegen. Auch für Europa sind die Amerikaner ein wichtiger Kunde. Doch irgendwann geht jeder «Konjunkturlokomotive» die Puste respektive das Geld aus. Das passiert derzeit mit den USA.

Präsident George W. Bush verfolgt eine ganz andere Wirtschaftspolitik als sein Vorgänger. Er senkte die Steuern massiv. Gleichzeitig erhöhte er die Ausgaben, vor allem für den «Krieg gegen den Terror». Die Folge war, dass die Überschüsse in der US-Staatskasse schneller schmolzen als ein Schneemann in der Sonne. Ende 2007 betrug das Defizit rund 250 Milliarden Dollar. Noch schlimmer als die Regierung verschulden sich die amerikanischen Privathaushalte. Das US-Handelsbilanzdefizit betrug Ende 2007 gegen 800 Milliarden Dollar. Dieses «Zwillingsdefizit» stärkt erstens das Vertrauen in den Dollar nicht sonderlich und ist zweitens auf Dauer nicht tragbar. Seit Jahren warnten Ökonominnen und Ökonomen vor einem Dollar-Crash. Im Sommer 2007 ist er tatsächlich eingetreten.

Ausgelöst wurde der Einbruch des Dollar durch die so genannte Subprime-Krise auf dem amerikanischen Immobilienmarkt (→ Derivate). Doch bald wurde klar, dass diese Krise weit mehr umfasste als ein paar zahlungsunfähige Hypothekarschuldner. Die Schuldenpolitik der Bush-Regierung hat das Vertrauen in den Dollar weltweit untergraben. Gleichzeitig hat der lange als «Weichling» verspottete Euro massiv an Wert zugelegt. Deshalb wollen immer mehr Länder ihre Abhängigkeit vom Dollar abbauen und ihn zumindest teilweise durch den Euro ersetzen. Der Ölstaat Kuwait hat bereits Schritte in diese Richtung angekündigt, andere Staaten haben laut darüber nachgedacht. Insgesamt hat der Euro auf globaler Ebene an Bedeutung gewonnen. Bei seiner Lancierung 1999 waren weltweit weniger als ein Fünftel aller Devisenreserven in Euro. Ende 2007 ist der Anteil auf mehr als ein Viertel gestiegen.

Jedes Jahr wird der Sicherheitsausschuss des amerikanischen Senats vom Director of National Intelligence, dem nationalen Aufseher über die größten Risiken sozusagen, über die bedeutendsten Gefahren für die Nation aufgeklärt. Normalerweise gehören aktuelle Analysen über den Terrorismus dazu, über die Verbreitung atomarer Waffen und über regionale Konflikte. Anfang 2008 stand in diesem Gremium auch der schwache Dollar auf der Traktandenliste. Was geschieht, wenn die Ölstaaten die US-Währung fallenlassen? Wenn Russland nicht nur eine Energiegroßmacht werden, sondern auch den Rubel zur Leitwährung erheben will? «Der Führungsanspruch des Dollar im internationalen Finanzsystem ist das wichtigste nichtmilitärische Instrument unserer Macht», kommentiert das «Wall Street Journal» besorgt. «Wir können es uns nicht leisten, den Dollar zu vernachlässigen, und damit auf den Einfluss zu verzichten, den eine globale Leitwährung ausüben kann.»

Potenz und starke Währung

Der Härtegrad einer Währung hat oft nicht nur eine ökonomische, sondern auch eine psychologische Funktion. Die Generation der Babyboomer in der Schweiz beispielsweise ist mit einem «starken» Franken aufgewachsen und davon geprägt. Auch in Deutschland war die «harte» DM mehr als einfach Geld, sie war eine Art Nationalstolz. Schweizer und Deutsche haben mit unverhohlener Genugtuung verfolgt, wie Franken und DM in der zweiten Hälfte des vergangenen Jahrhunderts eine Hartwährung nach der anderen niedergerungen haben: Dollar, Franc, Pfund, alle mussten sich beugen. Bei anderen Währungen wurden oft nur die Nullen gezählt. Der österreichische Schilling oder die italienische Lira – ein schlechter Witz. Türkische Lira, thailändischer Baht, philippinischer Peso oder brasilianischer Real – Monopolygeld. Man muss nicht Sigmund Freud heißen, um die offensichtlich sexuellen Anspielungen zu erkennen: Eine harte Währung steht für männliche Potenz, weiche Währungen sind für Schlappschwänze und Warmduscher.

Dieser Machostolz auf eine harte Währung ist ökonomisch betrachtet Unsinn auf Stelzen und fordert einen hohen Preis. Wechselkurse dienen dazu, das Austauschverhältnis von Importen und Exporten, den so genannten Terms of Trade, zu regeln. Eine schwache Währung verteuert die Importe und verbilligt die Exporte. Ein «starker» Franken respektive DM hatten deshalb für die Schweiz und Deutschland in den Neunzigerjahren sehr schmerzhafte Folgen. Damals verfolgten beide Nationalbanken eine harte Geldpolitik mit hohen Zinsen, um eine nicht vorhandene Inflationsgefahr zu bekämpfen. Das Resultat waren Arbeitsplatzverluste im großen Stil. Kein Wunder: Die harten Währungen hatten eine Einbuße der internationalen Wettbewerbsfähigkeit zur Folge, für die Exportnationen Schweiz und Deutschland ein schwerer Schlag.

Mr. Big Bubble: Alan Greenspan

Alan Greenspan war vom 11. August 1987 bis zum 31. Januar 2006 Vorsitzender der US-Notenbank Federal Reserve System. Niemand hat die globale Geldpolitik stärker geprägt als er.

Am 19. Oktober 1987 schien die Welt unterzugehen, zumindest die Finanzwelt. Rund um den Globus brachen die Aktienkurse ein, nichts und niemand konnte den freien Fall der Wertpapiere aufhalten. Es drohte der Finanz-GAU, ein Abschmelzen des internationalen Finanzsystems. Nach Verlusten von durchschnittlich mehr als 20 Prozent wurde an der New Yorker Börse deshalb die Notbremse gezogen und der Handel mit Wertpapieren eingestellt. Die Blicke der Händler und Banker waren nun auf Alan Greenspan gerichtet, den neuen Vorsitzenden der US-Notenbank Federal Reserve System (Fed). Was sie sahen, flößte ihnen wenig Vertrauen ein. Greenspan war erst seit zwei Monaten im Amt und galt als Exzentriker, der stundenlang in der Badewanne über seiner Geldpolitik brütete. Sein Studium hatte er als Jazzmusiker verdient, und er brabbelte Sätze vor sich hin, die kein Mensch verstehen konnte. Ausgerechnet dieser Mann sollte das Vertrauen in die Märkte wiederherstellen?

Am 15. Februar 1999 war Greenspan auf der Titelseite des «Time Magazin» abgebildet. Hinter ihm standen der damalige Finanzminister Robert Rubin und sein Stellvertreter Lawrence Summers. Das Trio bildete «The Committee to save the World». Alan Greenspan war nicht nur der neue Superman der Banker, er war ein Serien-Weltretter geworden. Mit einer mutigen und klugen Geldpolitik hatte er dafür gesorgt, dass die Schäden des «Schwarzen Montags» von 1987 minimal geblieben waren. Danach löschte er Großbrände an den Finanzplätzen rund um den Globus: Mexiko, Asien, Russland, und auch die Wall Street konnte dank Greenspan Katastrophen vermeiden. Gleichzeitig hatte er für den größten Börsenboom seit Menschengedenken gesorgt und der realen Wirtschaft wieder auf die Beine geholfen. In Silicon Valley entstanden das Internet und massenhaft neue Millionäre, während der «Maestro», wie Greenspan mittlerweile ehrfürchtig genannt wurde, im Fed dafür sorgte, dass die Wirtschaft nicht aus dem Takt fiel (→ Börsengang). Es waren goldene Zeiten. In den Neunzigerjahren ging es der US-Wirtschaft so gut, dass Ökonomen begannen, von einem neuen Zeitalter zu sprechen, der «New Economy». Und zu verdanken hatte man das Alan Greenspan. Der Mann konnte wahrscheinlich auch über Wasser gehen.

Geldpolitik kann sehr kompliziert sein. Greenspans Erfolgsrezept jedoch war simpel: tiefe Zinsen. Als erster Notenbanker hatte der Maestro erkannt, dass die Weltwirtschaft im Begriff war, sich grundlegend zu verändern. Die Inflation, die schlimmste Geißel der Wirtschaft des 20. Jahrhunderts, war unter Kontrolle. Immer wieder hatte sie für Leid und Chaos gesorgt, Altersrenten über

Nacht vernichtet, Depressionen verursacht und soziale Unruhen ausgelöst. Der Kampf gegen die Inflation ist deshalb des Notenbankers erste Pflicht. Dummerweise hat er in diesem Kampf nur sehr primitive Waffen zu Verfügung: Zinserhöhungen. Davon wollte Greenspan nichts wissen. Er versorgte den US-Finanzmarkt mit viel und billigem Geld. Allen Unkenrufen zum Trotz blieben die Preise stabil. Wie war das möglich?

Inflation ist, wenn zu viel Geld Jagd auf zu wenige Güter macht. Ökonomen sprechen dann von einer Preis-Inflation. Im relativ geschlossenen Kapitalismus der Nachkriegszeit trat dieses Phänomen in regelmäßigen Zyklen auf. Stiegen die Löhne stärker als die Produktivität, dann überwälzten die Unternehmen die höheren Lohnkosten auf ihre Produkte. Die Arbeitnehmer verlangten daraufhin wegen der höheren Konsumkosten höhere Löhne. Eine inflationäre Spirale kam in Schwung. Die auf den Kampf gegen die Inflation eingeschworene Nationalbank griff schließlich ein und erhöhte die Leitzinsen.

Wenn die Nationalbank die Leitzinsen erhöht, verteuert sie das Geld. Sie löst damit eine künstliche Rezession aus, denn teureres Geld dämpft die Konsum- und Investitionslust. Die Nationalbank schafft absichtlich Arbeitslosigkeit, um den Lohndruck zu vermindern. Das ist an sich schon ein brutaler Eingriff in die Volkswirtschaft. Mit schlechtem Timing können Notenbanker die negativen Effekte noch verschlimmern. So hat die Schweizer Nationalbank in den Neunzigerjahren mit einer zu harten und zu lang anhaltenden Hochzinspolitik massenhaft und unnötig Arbeitsplätze vernichtet.

Nicht so Alan Greenspan. Er passte seine Geldpolitik den neuen Verhältnissen an. China und Indien begannen sich zu öffnen. Damit verdoppelte sich das Angebot an Arbeitskräften auf dem globalen Arbeitsmarkt. Gleichzeitig sorgten der technologische Fortschritt (Internet) und drastisch sinkende Transportkosten (Containerschiffe) für neue Spielregeln im globalen Handel. Das hatte weit reichende Konsequenzen. Die Arbeitnehmerinnen und Arbeitnehmer konnten ihre Lohnforderungen nicht mehr durchsetzen, weil die Arbeitgeber umgehend mit Outsourcing drohten. Die Unternehmen konnten ihre Preise nicht mehr erhöhen, weil die Konsumenten zur Konkurrenz liefen. Wenn aber die Löhne und die Preise nicht mehr steigen, gibt es nach Adam Riese auch keine Preis-Inflation mehr. Was heute im Rückblick banal erscheint, hatte Greenspan prophetisch erkannt und umgesetzt. Während die europäischen Notenbanker aus falscher Angst vor Inflation die Zinsen zu hoch hielten, pumpte Greenspan billiges Geld in die US-Wirtschaft und hielt damit den Boom der Neunzigerjahre in Schwung.

Inflation ist jedoch auch, wenn zu viel Geld Jagd macht auf zu wenige Anlagewerte wie Aktien und Immobilien. Ökonomen sprechen dann von einer Asset-Inflation. Das viele und billige Geld war mit ein Grund für den Aktienboom der Neunzigerjahre. Die Euphorie an den Börsen war gewaltig. Während die Anleger jubelten, begannen sich die Nationalbanker Sorgen zu machen. Waren sie nicht Zeugen, wie unter ihren Augen eine riesige Börsenblase entstand? Und müssten sie eigentlich nicht eine Asset-Inflation wie eine Preis-Inflation mit höheren Zinsen bekämpfen?

Von einer Asset-Inflation wollte Greenspan jedoch partout nichts wissen. Gegen die Wertsteigerung von Anlagen sei die Notenbank machtlos und müsse deshalb die Finger davon lassen, betonte der Maestro immer wieder. Einmal nur schien er seine

Meinung zu ändern. Er äußerte einen seiner wenigen verständlichen Sätze und warnte vor einem «irrationalem Überschwang». Die Börsen reagierten mit einem Mini-Crash, doch als die Investoren realisierten, dass Greenspan nur bellte und nicht zu beißen gedachte, stiegen die Kurse munter weiter.

Im Jahr 2000 platzte die Börsenblase. Vor allem die Aktien der so genannten Dotcom-Firmen implodierten (→ Börsengang). Die Technobörse Nasdaq, die in den besten Zeiten ein Niveau von rund 5000 Punkten erreicht hatte, fiel unter 2000 Punkte. Mit anderen Worten: Die Aktien hatten mehr als die Hälfte ihres Werts verloren. Die Folge dieses Börsencrashs war eine milde Rezession der US-Wirtschaft, aber bald hatte die Welt ohnehin ganz andere Probleme: 9/11, Enron, Krieg gegen den Terror und Saddam Hussein. Greenspan hielt die Finanzmärkte weiterhin mit tiefen Zinsen bei Laune und verhinderte damit vorerst Schlimmeres. Geld blieb billig und war reichlich vorhanden, ja es gab immer mehr davon. Spargelder aus Asien und Petrodollars aus Arabien überfluteten die Märkte und wollten möglichst rentabel angelegt sein. Aber wo?

Diesmal floss das billige Geld nicht primär in Aktien, sondern vor allem in Häuser. In den USA stiegen die Preise der Immobilien rasant an. Das war zunächst volkswirtschaftlich ein Segen. Weil der Wert ihrer Häuser zunahm, konnten die Amerikaner ihre Hypotheken erhöhen und damit Autos, Kühlschränke oder Kleider kaufen. Trotz Krieg im Irak und explodierenden Ölpreisen ging der Boom weiter. Gleichzeitig entwickelte sich wieder eine Blase, diesmal war es eine Immobilienblase. Und wieder wollte Greenspan nichts davon wissen. Er sprach von einem bisschen harmlosen «Schaum» im Immobilienmarkt. Dann zog er sich in den wohl verdienten Ruhestand zurück. In seiner Autobiografie schrieb er sogar: «Die Vorzüge einer höheren Hauseigentumsrate waren das Risiko wert.»

Die monströse Immobilienblase aber blieb, ja sie nahm immer groteskere Dimensionen an. Dank neuen Finanzinstrumenten wie den Collateralised Debt Obligations (→ Derivate) wurden immer mehr Häuser an immer mehr Menschen verkauft, die eigentlich gar keine Häuser hätten kaufen sollen. Das billige Geld verleitete die Banken dazu, hohe Risiken einzugehen. «Jedermann, vom naiven Hauskäufer bis zum CEO an der Wall Street, ging Wetten ein, die er nicht verstand, und gab Geld aus, als ob diese Wetten nicht schiefgehen konnten», beschreibt die «New York Times» die Situation.

Es war nun nur noch eine Frage der Zeit, bis diese Immobilienblase platzen musste. Dann ist sie geplatzt, und der Kater ist heftig. Deshalb wird jetzt auch die Saga von Alan Greenspan neu geschrieben. Aus dem vergötterten Serien-Weltretter wurde ein Serien-Blasenerzeuger.

Wenn der Welt das Öl ausgeht: Peak Oil

Peak Oil (Ölfördermaximum) bezeichnet den Zeitpunkt, an dem der Höhepunkt der Förderung eines Ölfeldes erreicht ist. Das ist in der Regel der Fall, wenn die Hälfte abgebaut worden ist. Der globale Peak Oil tritt dann ein, wenn mehr als 50 Prozent aller Reserven verbraucht sind. Wann die Welt ihren Peak Oil erreichen wird, ist umstritten. Klar ist, dass sich der Kampf ums Öl zuspitzen wird.

Am Anfang des Ersten Weltkrieges schienen die Franzosen schon geschlagen. Die Regierung und rund 100 000 Zivilisten hatten Paris bereits verlassen, der Fall der Hauptstadt war anscheinend bloß noch eine Frage der Zeit. Am 6. September 1914 lancierten die Franzosen eine verzweifelte Gegenoffensive. Sie geriet aber bald ins Stocken. General Joseph Gallieni, der die Offensive kommandierte, brauchte dringend Verstärkung. Aber wie? Die Zugsverbindungen waren unterbrochen, zu Fuß würden die Soldaten viel zu spät eintreffen. In seiner Verzweiflung griff General Gallieni auf die rund 3000 Pariser Taxis zurück. Er befahl ihnen, die Truppen an die Front zu schaffen, und versprach, sie zu normalen Tarifen zu entlöhnen. Kurz darauf setzte sich ein seltsamer Konvoi in Bewegung. Gruppen von jeweils 25 Taxis, alle vollgestopft mit Soldaten, rasten Richtung Front. Der Einsatz hatte Erfolg. Am 9. September begannen die Deutschen mit dem Rückzug, Paris war gerettet, die Taxichauffeure erhielten ihr Geld, und die Historiker sollten später schreiben, dass dies der erste militärische Sieg des Autos über die Lokomotive war.

Im Zweiten Weltkrieg war die Luftwaffe für den Ausgang von Schlachten entscheidend geworden. Die Deutschen hatten kaum eigenes Öl, ihre Maschinen flogen mit so genanntem «Leuna-Benzin», das aus Kohle gewonnen wurde. Hitler wusste, dass er dringend Ölreserven brauchte, er wusste auch, wo er sie finden konnte: in Baku am Kaspischen Meer. Die Eroberung von Ölfeldern war mit ein Grund für die Operation Barbarossa, den Überfall auf die Sowjetunion. Sie begann am 22. Juni 1941. Der «Blitzkrieg» verlief zunächst nach Plan. Schon im Sommer 1941 baten die Generäle der Wehrmacht um Erlaubnis für den Angriff auf Moskau. Hitler verweigerte sie und befahl weiterhin die Eroberung der Ölfelder. Doch dann änderte er überraschend seine Pläne und ließ den Generälen ihren Willen. Mittlerweile war es jedoch Herbst geworden, die deutsche Armee blieb im Morast vor Moskau stecken, war Tausende von Kilometern von ihrem Nachschub entfernt, ihre Panzerverbände hatten keinen Treibstoff mehr und wurden langsam von der Roten Armee aufgerieben. Das gleiche Schicksal ereilte auch den «Wüstenfuchs», General Erwin Rommel, in Nordafrika. Er verlor die entscheidende Schlacht in El Alamein, weil er aus Mangel an Treibstoff seine Panzer gar nicht mehr einsetzen konnte. «Benzinmangel!», schrieb Rommel deshalb nach der Niederlage gegen Montgomery an seine Frau. «Es ist zum Heulen.»

Nach dem Krieg begann der Triumphzug des schwarzen Goldes in der zivilen Gesellschaft, Öl wurde zur Basis der modernen Industriegesellschaft. «Bis 1971 lieferte Öl zusammen mit Erdgas zwei Drittel der weltweiten Energie», schreibt Daniel Yergin in seinem monumentalen Buch «Der Preis». «Es war weit wichtiger geworden als alle anderen Rohstoffe; es wurde die universelle Hilfe, der entscheidende Faktor in fast allem, was wir taten.»

Wer sich mit der Entwicklung der Menschheit befasst, wird früher oder später auf einen ganz bestimmten Grafiktyp stoßen, die «Eishockeystock-Kurve». Ob Pro-Kopf-Einkommen, Energieverbrauch oder Bevölkerungswachstum, immer zeigt sich das gleiche Bild: Lange bleibt die Kurve flach, dann steigt sie um die Mitte der 18. Jahrhunderts plötzlich fast senkrecht an. «Um 2,5 Millionen Jahre wirtschaftliche Entwicklung kurz zusammenzufassen, kann man sagen: Sehr, sehr lange Zeit ist überhaupt nichts passiert, dann war plötzlich der Teufel los», beschreibt Eric Beinhocker in «Die Entstehung des Wohlstands» die historischen Ursachen der «Eishockeystock-Kurve». Anders ausgedrückt: 97 Prozent des menschlichen Wohlstandes sind in nur 250 Jahren oder 0,01 Prozent der gesamten Menschheitsgeschichte geschaffen worden. Diese Wachstumsexplosion wäre ohne Kohle und Öl niemals möglich geworden. Nicht nur der Wohlstand ist gewachsen. Im letzten Jahrhundert hat sich die Menschheit vervierfacht, bis ins Jahr 2050 werden gegen zehn Milliarden Menschen den Globus bevölkern. Immer mehr Menschen, die immer reicher werden, das hat Folgen: Experten gehen davon aus, dass sich der Energieverbrauch weltweit in den nächsten 50 Jahren verdoppeln wird, selbst wenn wir immer sparsamer damit umgehen. Logisch, dass sich die Frage immer dringender stellt: Wie lange reicht das Öl noch?

Mitte der Fünfzigerjahre prophezeite der Ölwissenschaftler M. King Hubbert, dass die USA in 14 Jahren den Höhepunkt ihrer Ölförderung erreichen würden. Der Mann wurde ausgelacht. Die amerikanische Ölindustrie hatte damals ganz andere Sorgen. Sie ertrank beinahe im Öl und musste freiwillige Fördereinschränkungen einführen, um einen vollständigen Preiszusammenbruch zu verhindern. Doch King Hubbert sollte Recht behalten: Im Dezember 1970 stieg die US-Ölproduktion zwar für kurze Zeit über zehn Millionen Barrel am Tag. Damit hatte sie ihren Peak Oil erreicht. Seither geht sie beständig zurück, die Vorherrschaft der USA auf dem Ölmarkt war zu Ende.

Die Folgen wurden schon kurze Zeit darauf spürbar. Am 6. Oktober 1973 brach im Nahen Osten der Yom-Kippur-Krieg aus, der vierte arabisch-israelische Krieg in Folge. Den militärischen Konflikt hat die arabische Seite bekanntlich verloren. Zum ersten Mal aber konnten die Scheichs erfolgreich ihre wirksamste zivile Waffe einsetzen: das Ölschwert. Die Industriegesellschaften waren mittlerweile süchtig nach dem schwarzen Gold. Die USA konnten nicht mehr länger die Rolle des so genannten Swing Producers übernehmen, das heißt, sie konnten nicht mehr in die Lücke springen, wenn andere Produzenten ausfielen. Solange dies der Fall war, konnte die OPEC, die Vereinigung der Erdöl produzierenden Länder, keine höheren Preise durchsetzen. Die OPEC war bereits 1960 in Bagdad gegründet worden. Doch jedes Mal, wenn sie mit Preiserhöhungen drohte, sprang der Swing Producer USA ein und verhinderte höhere Preise.

Diesmal hingegen mussten auch die Amerikaner hilflos zusehen, wie der Ölpreis stieg und stieg. Während des größten Teils der Sechzigerjahre hatte ein Barrel Öl 1,80 Dollar gekostet, aus heutiger Sicht ein beinahe unglaublich tiefer Preis. Am 16. Oktober 1973 erhöhte die OPEC den Ölpreis auf 5,11 Dollar pro Fass und löste damit die erste Ölkrise aus. Fünf Jahre später war die Revolution im Iran der Grund für die zweite Krise. Beide Ölkrisen stürzten den Westen jeweils in schwere Rezessionen, der Ölpreis stieg zeitweise bis gegen 40 Dollar pro Barrel.

Für andere hingegen waren die Ölkrisen ein Geschenk Allahs. Saudi-Arabien, der riesige Wüstenstaat, war zuvor im Westen ein weitgehend unbekanntes Land gewesen. Jetzt löste es die USA als Swing Producer ab und wurde als Garant für eine sichere Ölversorgung in kurzer Zeit sehr berühmt. Scheich Yamani, Saudi-Arabiens Ölminister, war bald aus den Tagesschauen rund um den Globus nicht mehr wegzudenken. Wichtiger noch: Saudi-Arabien wurde auch unglaublich reich. 1970 hatte es mit einer Produktion von drei Millionen Barrel täglich 2,2 Milliarden Dollar verdient. 1974 betrugen seine Erdöleinnahmen das 16-Fache, 35 Milliarden Dollar bei einer Tagesproduktion von acht Millionen Barrel.

Auch im 21. Jahrhundert bleibt Saudi-Arabien das Land mit den größten Ölfeldern, den so genannten «Elefanten», und das Land mit den größten bekannten Ölreserven. Sein Ölreichtum scheint unermesslich zu sein. Allen politischen Bedenken zum Trotz (15 der 19 Attentäter von 9/11 waren Saudis) sorgt es seit den Siebzigerjahren zuverlässig dafür, dass der Ölmarkt wenigstens halbwegs berechenbar bleibt. Das ist keineswegs selbstverständlich, denn der Ölpreis ist extrem «unelastisch», selbst kleinste Verknappungen des Angebots haben große Preisschwankungen zur Folge. Saudi-Arabien hat stets erklärt, dass es die Rolle des Swing Producers noch lange spielen wolle und dass es dazu auch in der Lage sein werde. Offiziell betragen die bekannten saudischen

Ölreserven über 250 Milliarden Barrel, und Vertreter der staatlichen Gesellschaft Aramco haben öffentlich erklärt, die Tagesproduktion von derzeit acht bis zehn Millionen Barrel jederzeit auf mehr als das Doppelte steigern zu können.

Was aber, wenn diese Angaben nicht stimmen und auch Saudi-Arabien bald seinen Peak Oil erreichen sollte? Dieses Schreckensszenario steht seit einiger Zeit im Raum. Ein prominenter Vertreter dieser These ist der Investmentbanker und Ölspezialist Matthew Simmons. Er hat mit seinem Buch «Wenn der Wüste das Öl ausgeht» im Jahr 2005 weltweit Aufsehen erregt. Darin stellt er beide Aussagen der Saudis in Frage, die Höhe der Reserven und die Möglichkeit, die Produktion ausweiten zu können. Simmons Warnungen haben großes Echo ausgelöst. Er gehört nicht zum Kreis der üblichen Verdächtigen, ist weder ökologisch noch politisch motiviert, sondern Texaner, Mitglied der Republikaner und war Berater von Präsident Bush.

Die Verschwiegenheit der Saudis hat dazu beigetragen, dass Simmons ernst genommen wird. Niemand weiß wirklich, wie viel Öl noch unter dem Wüstensand im Persischen Golf liegt. Simmons seinerseits hat eine Vielzahl von technischen Berichten ausgewertet und ist dabei auf eine erstaunliche Anzahl von Ungereimtheiten und Widersprüchen gestoßen. So wurde die Höhe der bekannten Ölreserven mehrmals und willkürlich geändert. Saudi-Arabien ist von bloß vier riesigen «Elefanten»-Feldern abhängig. Diese Felder werden seit Jahrzehnten ausgebeutet, neue sind in jüngster Zeit keine entdeckt worden. Simmons vermutet daher, dass diese relativ alten Felder den Höhepunkt ihrer Produktivität bereits überschritten haben.

Die Peak-Oil-These hat auch dadurch Auftrieb erhalten, dass

sich der Ölpreis seit 2005 auf einem Höhenflug befindet. Dafür gibt es aber auch andere Gründe als eine bevorstehende Ölknappheit. Simmons ist deshalb heftig angegriffen worden. Nicht nur die Saudis selbst, auch namhafte Experten wie der schon erwähnte Daniel Yergin haben ihm widersprochen. Sie verweisen darauf, dass dank neuen Technologien auch in Zukunft noch große Felder entdeckt und zudem die alten noch lange wirtschaftlich ausgebeutet werden können.

Wer hat Recht? Diese Frage lässt sich nicht befriedigend beantworten, das Problem ist zu komplex. Unbestritten ist jedoch, dass Erdöl noch einige Zeit die Basis für unseren Wohlstand bilden wird. Warnungen, dass es bald zu Verteilkriegen um das schwarze Gold kommen werde, sind plausibel: Seit den Neunzigerjahren verbrauchen wir mehr Öl, als neu entdeckt wird. Nur dank der bekannten Reserven haben wir den Peak Oil noch nicht erreicht. Unbeantwortet bleibt auch die Frage nach den ökologischen Konsequenzen des steigenden Ölverbrauchs. Andererseits ist die Angst, dass bald der letzte Tropfen Öl verbrannt sein wird, unbegründet. Selbst die Öl-Kassandra Simmons räumt ein: «Saudi-Arabien wird das Öl niemals ausgehen, ebenso werden die USA noch 35 Jahre nach Erreichen des Maximums riesige Ölmengen fördern.»

Die Rückkehr der trostlosen Wissenschaft

Die Ökonomie wird manchmal auch die «trostlose Wissenschaft» genannt, weil ihre Geschichte voll von Mangel- und Untergangsszenarien ist. Die Peak-Oil-These befindet sich in prominenter Gesellschaft. Schon zu Beginn des 19. Jahrhunderts war beispielsweise einer der Urväter der Ökonomie, Thomas Robert Malthus, überzeugt, dass die Produktivität der Landwirtschaft nicht mit der Bevölkerungsexplosion würde Schritt halten können, und prophezeite deshalb der Menschheit großes Elend.

Was die Landwirtschaft betrifft, hat sich Malthus geirrt. Vielleicht gibt ihm jetzt die Energiefrage Recht. Nicht nur gehen die Reserven irgendwann einmal zu Ende, es braucht auch immer mehr Energie, um neue Energie zu gewinnen. Der so genannte Energy-Return-On-Investment-Faktor (EROI) verschlechtert sich laufend. Bei der Ausbeutung der amerikanischen Ölfelder wies dieser EROI bis in die Siebzigerjahre ein Verhältnis von 25:1 aus, das heißt, es wurde 25 Mal mehr Energie gewonnen als eingesetzt. Bei der Gewinnung von Öl aus kanadischem Schlamm beträgt der EROI heute bloß noch 4:1. Ebenfalls miserabel fällt die Energiebilanz aus, wenn der Agrartreibstoff aus Mais gewonnen wird.

Der gute Ruf der Demokratie: Superkapitalismus

Bisher galt die Kombination von Demokratie und Kapitalismus als unschlagbare Wohlstandsmaschine. Kommt sie jetzt ins Stottern?

Dubai ist nur einer der sieben Teilstaaten der Vereinigten Arabischen Emirate und eigentlich ein Winzling. Nur gerade mal 200 000 Einheimische zählt das Land. Doch Dubai träumt von einer grandiosen Zukunft, und es wird mit der ganz großen Kelle angerichtet. Künstliche Inseln werden aufgeschüttet und zu horrenden Preisen an Stars wie David Beckham oder Brad Pitt verkauft, gigantische Hotels und Shoppingcenters werden hochgezogen, modernste Häfen für Flugzeuge und Schiffe werden der Wüste abgerungen. Dubai will zum Drehpunkt des Handels zwischen Ost und West werden und gleichzeitig das moderne Arabien verkörpern: weltoffen, marktwirtschaftlich, reformbereit und tolerant.

Unbürokratisch, politisch stabil und dem Freihandel verpflichtet, das sind die Merkmale von Singapur, einem der «wirtschaftsfreundlichsten Länder der Welt», wie es sich selbst gerne rühmt. Auch der südostasiatische Stadtstaat will die Zukunft verkörpern.

Singapur ist wirtschaftlich sehr erfolgreich. Die 4,4 Millionen Einwohnerinnen und Einwohner haben, kaufkraftbereinigt, ein Pro-Kopf-Einkommen, das Anfang 2008 etwa gleich groß war wie in Deutschland. Doch die Asiaten sind auf der Überholspur. 2007 wuchs Singapurs Bruttoinlandprodukt um 7,5 Prozent.

Dubai und Singapur haben bei uns eine sehr wohlwollende Presse. Magazine wie der «Spiegel» oder die «Wirtschaftswoche» widmen ihnen Titelgeschichten, in denen sie als «Übermorgen»-Länder bezeichnet und als Verkörperung des Fortschrittes bestaunt werden. Nur ein kleiner Makel bleibt: Beide Länder sind weder demokratisch noch kapitalistisch. In Dubai gibt es keine Parteien, nur Unternehmen, und diese werden von einem einzigen Clan, der Familie von Scheich Mohammed, kontrolliert. Eine schmale Elite lebt dabei in prunkvollem Luxus. Die Mehrheit der Arbeitskräfte aus Pakistan, Bangladesch und Indien hingegen hat ein Monatseinkommen von rund 60 Franken. Diese Menschen haben keinerlei Rechte und werden ausgewiesen, wenn sie krank werden.

Singapur ist auf dem Papier zwar demokratisch. De facto wird der Stadtstaat jedoch von der Einheitspartei «People's Action Party» beherrscht. Oppositionelle werden ohne Begründung verhaftet und ausgewiesen, schon für kleine Vergehen drohen drakonische Strafen, die Justiz ist der Politik treu ergeben. An allen großen Medien ist die Regierung beteiligt – genauso wie an Banken, Bauunternehmen, der Singapore Airlines, der Telekom, dem Hafenbetreiber und einem Energiekonzern. Singapur ist damit keine westliche Demokratie mit freier Marktwirtschaft, sondern ein autoritärer Staatskapitalismus.

Länder wie Dubai und Singapur gewinnen derzeit rasant an Ansehen. Es sind ja keine blutrünstigen Diktaturen mit fanatischen Führern wie Libyen, es sind keine Folterstaaten wie einst Chile oder Argentinien, sie sind auch nicht steinzeitlich totalitär wie Nordkorea oder Burma. Dubai und Singapur sind zivilisiert, modern, reich und politisch stabil, ohne dass sich die Wirtschaft mit der Demokratie abmühen muss. Verkörpern sie vielleicht die Zukunft des Kapitalismus?

Der amerikanische Politologe Michael Mandelbaum ist in seinem Buch «Democracy's Good Name» der Geschichte der Demokratie nachgegangen. Er stellt dabei fest, dass es sich um eine junge Errungenschaft handelt. «Aus Gründen, die in der Natur des Menschen zu liegen scheinen, haben undemokratische Regimes überall auf der Welt und praktisch während der gesamten Geschichte der Menschheit regiert», schreibt Mandelbaum. «Wer an der Macht ist, riskiert es nicht, sie in friedlichen und freiwilligen Wahlen wieder abzugeben. Weil Regierungen ihre Macht nicht freiwillig abgeben, ist Gewalt nötig, um sie zu entfernen. Der Einsatz von Gewalt macht es jedoch der nachfolgenden Regierung unmöglich, gemäß demokratischen Spielregeln und demokratischen Prozessen zu funktionieren.»

Wie aber konnte dieser Teufelskreis je durchbrochen werden? Mit anderen Worten: Wie sind demokratische Staaten entstanden? Dank des wirtschaftlichen Erfolgs und des Aufstiegs von Großbritannien und später den USA, lautet Mandelbaums Antwort. Das angelsächsische Vorbild hat der Demokratie einen guten Namen verschafft. Die Kombination von freier Marktwirtschaft und politischer Freiheit hat zu einem Wohlstand der Massen in bisher unbekanntem Ausmaß geführt. Nichts ist so erfolgreich wie der Erfolg. Das gilt auch für die Demokratie. Allmählich wurde sie weltweit kopiert. Am Ausgang des 20. Jahrhunderts schienen

Demokratie und Kapitalismus eine unschlagbare Kombination zu sein.

Die erste Phase der Globalisierung stand ganz im Zeichen des Westens, genauer der USA. In der Globalisierung 2.0 (→ Die flache Welt) hingegen schiebt sich immer stärker Asien in den Vordergrund, genauer China. China ist bis heute ein autoritärer Staat geblieben, aber wirtschaftlich gesehen sehr erfolgreich. Sein Wirtschaftswachstum betrug 2007 erneut mehr als elf Prozent, in den letzten 20 Jahren lag es im Durchschnitt bei über neun Prozent. Umgekehrt erscheint der westliche Kapitalismus immer krisenanfälliger, hauptsächlich das Finanzsystem. Selbst angesehene Banken wie die UBS, Citigroup oder Merrill Lynch geraten in Nöte. 2007 mussten sie auf Betteltour gehen und sich von arabischen und asiatischen Staatsfonds Milliardenspritzen verpassen lassen (→ Staatsfonds). Das schadet dem «guten Ruf der Demokratie» im Sinne von Mandelbaum, zumal der Erfolg der autoritären Länder anhält. Dank seinen Rohstoffen boomt neuerdings auch Russlands Wirtschaft. Die gedemütigte ehemalige Weltmacht ist im Begriff, nach außen wieder Selbst- und Machtbewusstsein zu entwickeln. Nach innen werden gleichzeitig die demokratischen Errungenschaften rückgängig gemacht.

Der wirtschaftliche Erfolg der aufstrebenden Länder wie China wird immer unabhängiger vom Westen. Umgekehrt sind die Amerikaner wie Drogensüchtige abhängig geworden vom Zufluss von Geld aus dem Ausland. Ihre Schulden, das Zwillingsdefizit von Staats- und Handelsbilanz, ist inzwischen so groß, dass es zwei Drittel des gesamten weltweiten Sparaufkommens verschlingt. Wenn die USA ihr Geld verschleudern wie ein betrunkener Matrose auf Landurlaub, trägt das nicht eben zur Stärkung ihrer Reputation bei. Der angelsächsische Kapitalismus ist im Begriff, seine Rolle als Vorbild einzubüssen. Damit schadet er auch seinem politischen Zwilling, der Demokratie.

Die grösste Gefahr für die Demokratie ist jedoch die Entwicklung des Kapitalismus. Das ist die zentrale These von Robert Reich. «Der Superkapitalismus hat die Politik erfasst und die Demokratie verschlungen», schreibt er in seinem Buch «Superkapitalismus». Reich ist einer der einflussreichsten Wirtschaftswissenschaftler in den USA und war von 1993 bis 1997 Arbeitsminister in der Regierung von Bill Clinton. Seine provokante These begründet er wie folgt: Die ersten drei Jahrzehnte nach dem Zweiten Weltkrieg waren für die westlichen Staaten eine außerordentlich gute Zeit, es waren die «goldenen 30 Jahre». Diese Ära war geprägt von Vollbeschäftigung und einem breiten Mittelstand, der sich immer mehr leisten konnte. Mit dem Kauf von Autos, Waschmaschinen, Kühlschränken und Möbeln wurde die Wirtschaft in Schwung gehalten. Diese wurde von multinationalen Unternehmen wie General Motors oder Boeing dominiert. Sie hatten ein hohes soziales Verantwortungsbewusstsein, arbeiteten mit den Gewerkschaften und den Behörden zusammen. Das System war damals nicht wettbewerbsorientiert. Die großen Unternehmen bildeten eine Art Oligopol, sie sprachen sich untereinander und mit den Behörden ab. Rein marktwirtschaftlich betrachtet waren diese Unternehmen nicht besonders effizient. Ihre Gewinne waren, an heutigen Kriterien gemessen, dürftig, ebenso ihre Innovationskraft und ihre Kundenfreundlichkeit. In den Sechzigerjahren war es beispielsweise durchaus üblich, dass man auf ein Auto Monate warten musste und dass die Modellauswahl und die Extras gemessen am aktuellen Standard lächerlich gering waren. Dafür war der Kapitalismus der «goldenen 30 Jahre» im Vergleich zu heute gerechter und sozialer. Die Einkommensunterschiede waren viel kleiner. Ältere und nicht mehr total effiziente Mitarbeiterinnen und Mitarbeiter wurden nicht in die Invalidenversicherung abgeschoben. Es war eine soziale Marktwirtschaft, nicht nur dem Namen nach, sondern in der gelebten Wirklichkeit.

In den Achtzigerjahren begann sich der Charakter des Kapitalismus allmählich zu verändern. Technologischer Fortschritt und die Globalisierung führten zu einer Verschärfung des Wettbewerbs, die Multis, aber auch die Gewerkschaften, verloren an Einfluss. Gleichzeitig nahm die Macht der Verbraucher und der Anleger zu. Dank Deregulierung und schärferem Wettbewerb wurden Konsumgüter besser und billiger, dank dem Shareholder-Value-Denken stieg der Wert der Aktien. Dafür wurden Unternehmen und Manager angreifbarer. Konsumenten wechseln sofort den Anbieter, wenn Preis oder Qualität nicht stimmen. Manager werden gefeuert, wenn der Aktienkurs fällt.

Dieser verschärfte Wettbewerb hat den Einfluss der Unternehmen auf die Gesellschaft geschwächt. Das wiederum verändert ihr soziales Verhalten. Die Tonart gegenüber Gewerkschaften und Behörden ist härter geworden. Manager verstehen sich nicht mehr als verantwortungsvolle Patrons, die sich auch um das Wohl ihrer Mitarbeiter kümmern, sondern als kostenbewusste Macher, die den Aktienkurs nie aus dem Blick verlieren (→ Corporate Social Responsibility). Der permanente Wettbewerbsdruck wird zur Gefahr für die Demokratie. Die Konzerne müssen vermehrt die Politik für ihre Interessen instrumentalisieren und heuern zu diesem Zweck Lobbyisten, Anwälte und PR-Experten an. «Das Problem ist das Vordringen des Superkapitalismus in jeden Aspekt der

Demokratie», stellt Reich fest. «Durch die Vorherrschaft der Lobbyisten, Unternehmensanwälte und PR-Profis im politischen Prozess und durch die Unternehmensgelder, die das System im Alltag durchdringen und es dem Bürger unmöglich machen, sich Gehör zu verschaffen.»

Die Vorherrschaft von PR-Spezialisten zeigt sich sehr ausgeprägt in den Medien. Der Fachjournalist gehört zunehmend einer aussterbenden Spezies an, den Tageszeitungen droht wegen Gratisblättern und Internet das wirtschaftliche Aus. Der «Bannwald der Demokratie», wie die Tagespresse auch genannt wurde, lichtet sich bedrohlich. Journalisten werden immer mehr zu reinen Informationstransporteuren degradiert. Die Informationen werden von den Unternehmen oder der politischen Verwaltung selbst professionell aufbereitet, meist mit Hilfe von ehemaligen Journalisten. Diese Schar von PR-Profis erlaubt es den Verlegern, Fachjournalistinnen und -journalisten durch billigere Allrounder zu ersetzen. Die Entwicklung im Bereich der Journalistenausbildung der beiden größten Schweizer Verlage, Ringier und Tamedia, sagt eigentlich alles: Ringier hatte während rund 30 Jahren eine eigene, hochprofessionelle und sehr angesehene Journalistenschule, Tamedia eine In-House-Akademie. Beide sind Anfang des 21. Jahrhunderts geschlossen worden.

Die Globalisierung hat den Menschen ein bisher nie gekanntes Maß an Wohlstand ermöglicht. Hunderte von Millionen Menschen, hauptsächlich in Asien, konnten sich in den letzten Jahrzehnten von größter Armut befreien und ein Leben in Würde führen. Andererseits hat sich die Menschheit in ökologischer Hinsicht auf einen Blindflug mit ungewissem Ausgang begeben. Niemand kann heute die Auswirkungen der Klimaerwärmung abschätzen. Ebenso ungewiss sind die politischen Folgen der bedrohlich wiederkehrenden Krisen des internationalen Finanzsystems. Demokratie und Marktwirtschaft entstehen nicht im Naturzustand. Es sind soziale Institutionen und damit zivilisatorische Errungenschaften der Menschen. Werden sie nicht gepflegt und den sich stets ändernden Umständen angepasst, dann können sie auch untergehen.

Begriffserklärungen

Aktien: Anteilschein an einem Unternehmen.

Aktienbezugsrechte: Meist → Optionen genannt. Sichern das Recht, Aktien zu einem bestimmten Preis kaufen oder verkaufen zu können.

Anlagefonds: Professionell verwaltete Fonds, die es dem Laien erlauben, sein Risiko zu streuen. Er kauft nicht einzelne Titel, sondern Fondsanteile, das heißt, nach unterschiedlichen Kriterien ausgesuchte Mischungen von Wertpapieren.

Asiatische Grippe: Finanzkrise, die durch einen Schwächeanfall der thailändischen Währung Baht im Sommer 1997 ausgelöst wurde und sich rasch in ganz Asien und selbst in Russland und Brasilien ausbreitete.

Baisse: Phase anhaltender starker Kursrückgänge an der Börse.

Bank für Internationalen Zahlungsausgleich (BIZ): Eine Gremium, in dem sich die Nationalbanken absprechen und Regeln aushandeln. Eine Art «Nationalbank der Nationalbanken». Befindet sich in Basel.

Bedingungsloses Grundeinkommen: Auch Bürgergeld genannt. Sichert jeder Bürgerin und jedem Bürger ein Exstenzminimum, das ein Leben in Würde ermöglicht. Existiert erst als Idee.

Beggar-thy-Neighbor-Abwertung: Der Versuch, sich Wettbewerbsvorteile durch eine willkürliche Abwertung der Landeswährung zu erobern.

Benchmark: Ein Vorbild, mit dem verglichen wird, oder ein Maßstab, an dem gemessen wird. Gilt für Unternehmen, kann aber auch für die Wirtschaftspolitik eines Landes oder die Performance eines Anlagefonds gebraucht werden. Im Zusammenhang mit Benchmark wird oft auch der Begriff «best practice» verwendet. Gemeint ist damit, dass ein Unternehmen oder ein Land einen Prozess am besten beherrscht und deshalb nachgeahmt werden soll.

Bierdeckelsteuer: Anderer Ausdruck für → Flat Tax, eine Steuer, die nur einen Steuersatz kennt und alle Abzugsmöglichkeiten ausschließt.

Börsengang: Zeitpunkt, an dem ein Unternehmen seine Aktien dem Publikum zum Kauf anbietet. Oft auch → IPO genannt, vom englischen Ausdruck «Initial Public Offering».

Bruttoinlandprodukt (BIP): Der Wert der Summe aller in einem Land hergestellten Güter und Dienstleistungen.

Collateralised Debt Obligations (CDO): Ein hochkomplexes → Derivat, das die Verbriefung von Schulden ermöglicht. Schulden werden dabei aufgeteilt, um sie in Teilstücken zu handeln. Spielt in der US-Immobilienkrise (→ Subprime-Krise), die im Sommer 2007 ausgebrochen ist, eine wichtige Rolle.

Corporate Governance (CG): Regelt das Verhältnis zwischen Eigentümern und Managern eines Unternehmens.

Corporate Social Responsibility (CSR): Ein freiwilliger Kodex, den sich Unternehmen zulegen, wenn sie nicht nur gewinnorientiert sind, sondern auch Verantwortung gegenüber der Gesellschaft und der Umwelt übernehmen.

DAX (Deutscher Aktienindex): Kennziffer, die über Entwicklung und Stand der deutschen Aktienkurse der 30 größten und umsatzstärksten Unternehmen an der Frankfurter Wertpapierbörse Auskunft gibt.

Dow Jones Index: Das bekannteste Börsenbarometer der USA. In dem 1896 von Charles Henry Dow ins Leben gerufene Index waren ursprünglich 12 ausgewählte US-Unternehmen gelistet. Heute umfasst der Dow Jones Industrial die 30 bedeutendsten, marktführenden Unternehmen an der amerikanischen Börse und spiegelt deren Kursentwicklung wider.

Deregulierung: Das Abschaffen von staatlichen Regeln und Gesetzen.

Derivate: Finanzinstrumente, die keinen Wert an sich besitzen, sondern ihren Wert von etwas anderem ableiten. Ursprünglich hatten sie einen Versicherungen ähnlichen Charakter. Es sind gegenseitige Verträge, deren Preisbildung im Allgemeinen auf einer marktabhängigen Bezugsgröße (Basiswert oder Underlying) basiert. Solche Basiswerte können andere Wertpapiere (z.B. Aktien, Anleihen), marktbezogene Referenzgrößen (Zinssätze, Indices) oder andere Handelsgegenstände (Rohstoffe, Devisen) sein. Derivate können auch Basiswert von anderen Derivaten (2. Grades) sein. Grundsätzlich sind als Basiswert auch nichtökonomische Größen möglich, wie zum Beispiel das Wetter, das dann genau zu definieren ist. Heute werden sie von den Finanzingenieuren auch zur Herstellung von hochkomplexen und nicht immer ungefährlichen «strukturierten Produkten» verwendet.

Dotcom-Ära: Der Boom der neuen Internetfirmen in der zweiten Hälfte der Neunzigerjahre.

Einkommenssteuer, negative: Staatliche Lohnsubvention, wenn das Einkommen einen definierten Minimalstandard unterschreitet.

EROI (Engery-Return-On-Investment-Faktor): Das Verhältnis der Summe von Energie, die eingesetzt werden muss, zur Energie, die gewonnen wird. Beispiel: Es braucht die Energie von einem Fass Öl, um vier Fässer Öl aus Erdölschlamm zu gewinnen.

Erwerbsquote: Misst den Anteil der Wohnbevölkerung, die einer Erwerbstätigkeit nachgeht oder eine sucht (d.h. Erwerbslose). Aufgeschlüsselt nach Geschlecht oder nach Alter kann man so Aussagen machen über das Erwerbsverhalten bestimmter Bevölkerungsgruppen. Beispielsweise ist in den letzten Jahrzehnten die Erwerbsquote der Frauen stark angestiegen. Im Unterschied zur Erwerbstätigenquote sind in der Erwerbsquote auch Arbeits- bzw. Erwerbslose enthalten.

Europäische Zentralbank (EZB): Sie ist die gemeinsame Währungsbehörde der Mitgliedstaaten der Europäischen Währungsunion und bildet mit den nationalen Zentralbanken der Eurostaaten das Europäische System der Zentralbanken.

Exportproduktionszonen: Wirtschaftszonen in der Dritten Welt, in denen die Unternehmen Steuerprivilegien genießen und nur für den Export produzieren.

Federal Reserve System (Fed): Offizielle Bezeichnung der US-Notenbank, der amerikanischen → Nationalbank.

Fiskalquote: Das Verhältnis der Summe aller Steuereinnahmen zum → Bruttoinlandprodukt. Sie gibt an, wie viel Prozent des gesamten Einkommens in der Wirtschaft in Form von Steuern, Gebühren und anderen Abgaben an den Staat abgeliefert werden müssen.

Flat Tax: Eine Steuer mit einheitlichem Steuersatz, die alle Abzugsmöglichkeiten ausschließt, auch → Bierdeckelsteuer genannt.

Flexicurity: Ein Wohlfahrtsstaat mit einer Mischung aus flexiblem Arbeitsmarkt und hoher sozialer Sicherheit. Erfolgreich umgesetzt in Dänemark, das in dieser Frage als → Benchmark gilt.

Global Player: Unternehmen, das in mehreren Ländern tätig ist. Anderer Ausdruck für multinationaler Konzern.

Goldstandard: Eine Währung ist mit Gold gegen Entwertung gesichert. Die → Nationalbank tauscht jederzeit die Landeswährung gegen eine definierte Goldmenge ein. Ist seit 1972 obsolet geworden.

Greenmailing: Über Aktienbesitz versuchen, ungerechtfertigten Einfluss auf eine Publikumsgesellschaft zu nehmen, um dabei Profit zu erzielen (→ Raider).

Hausse: Nachhaltiger Anstieg der Wertpapierkurse einzelner Marktbereiche oder des Gesamtmarktes über einen mittleren bis längeren Zeitraum.

Hedge-Fonds: (von engl. «to hedge», absichern). Anlagefonds von sehr reichen Investoren. Spezielle Art von Investmentfonds, die durch eine spekulative Anlagestrategie gekennzeichnet ist. Hedge-Fonds bieten dadurch die Chance für sehr hohe Renditen, sind aber dementsprechend auch mit hohen Risiken behaftet.

Typisch für Hedge-Fonds ist der Einsatz von → Derivaten. Daher rührt auch der irreführende Name, da diese Instrumente außer zur Spekulation auch zur Absicherung (Hedging) verwendet werden können. Außerdem versuchen Hedge-Fonds, über Fremdfinanzierung eine höhere Eigenkapitalrendite zu erwirtschaften (Hebeleffekt oder Leverage).

Immobilienblase: Massive Überbewertung von Häusern.

Importquote: Anteil der Importe am Bruttoinlandprodukt.

Inflation: Teuerung. Sie kann Güter und Dienstleistungen betreffen, dann spricht man von Preis-Inflation, oder Wertpapiere und Immobilien, dann spricht man von Asset-Inflation.

Institutionelle Anleger: Darunter versteht man Versicherungen, → Anlagefonds und Pensionskassen.

Internationaler Währungsfonds (IWF): Gegründet 1944 in Bretton Woods im US-Bundesstaat New Hampshire. Er ist eine Sonderorganisation der Vereinten Nationen. Der IWF wird zusammen mit der Weltbank-Gruppe als Bretton-Woods-Institution bezeichnet. Zu seinen Aufgaben gehören: Förderung der internationalen Zusammenarbeit in der Währungspolitik, Ausweitung des Welthandels, Stabilisierung von Wechselkursen, Kreditvergabe, Überwachung der Geldpolitik, technische Hilfe.

Der IWF hat zurzeit 185 Mitgliedsländer, deren Stimmrecht sich nach ihrem Kapitalanteil richtet.

Investment Grade: Qualitätsstandard für Wertpapiere, der von den Ratingagenturen bestimmt wird.

IPO: Abkürzung von Initial Public Offering (→ Börsengang).

Kaizen: Stammt aus dem Toyota-Produktionssystem und meint das Bemühen, sich stetig verbessern zu wollen.

Kanban: Stammt aus dem Toyota-Produktionssystem und bezeichnet die Vermeidung von unnützen Zwischenlagern.

Kombilohn: Staatliche Lohnzuschüsse, wenn ein definiertes Minimaleinkommen unterschritten wird (→ negative Einkommenssteuer).

LBO (Leveraged Buyout): Bezeichnet den Vorgang, wenn eine Publikumsgesellschaft von einem oder mehreren Investoren aufgekauft und von der Börse dekotiert wird.

Managed Care: Der Versuch, unter der Leitung der Krankenkassen wirtschaftliche Effizienz ins Gesundheitswesen zu bringen.

Managed Floating: Das Abschaffen von fixen Wechselkursen auf den Devisenmärkten (→ Goldstandard).

Nasdaq (National Association of Securities Dealers Automated Quotations): Wichtigste US-Technologiebörse.

Nationalbank: Die Bank der Banken. Bestimmt die Geldpolitik eines Landes und stellt im Krisenfall den normalen Banken billige Kredite zur Verfügung.

New Deal: Programm zur Ankurbelung der US-Wirtschaft in der Grossen Depression der Dreißigerjahre.

New Economy: Ausdruck, der in der Euphorie des Internetbooms Ende der Neunzigerjahre entstanden ist und der davon ausging, dass sich die Wirtschaftszyklen grundsätzlich geändert hätten. Das hat sich als Irrtum erwiesen. 2002 ist die Internetblase geplatzt.

Obligation: Schuldschein.

OECD (Organisation for Economic Cooperation and Development): Internationale Organisation mit Sitz in Paris. Wird auch «Club der reichen Länder» genannt. Ein Think-Tank, der die Wirtschaftspolitik der Mitgliedsstaaten bewertet und Empfehlungen an die Regierungen abgibt mit dem Ziel, den Lebensstandard in den Mitgliedsländern zu steigern, das Wirtschaftswachstum zu fördern und den Welthandel zu begünstigen. Kämpft heute ums Überleben.

Opportunitätskosten: Die Kosten, die entstehen, wenn man etwas nicht tun kann, weil man bereits etwas anderes macht.

Option: Eine Untergruppe der → Derivate. Mit Optionen erwirbt man das Recht, etwas zu einem definierten Preis und während einer definierten Zeitspanne kaufen oder verkaufen zu können.

Outsourcing: Ursprünglich war damit gemeint, dass ein Unternehmen eine Tätigkeit auslagert, beispielsweise keine Putzfrauen mehr anstellt, sondern ein Putzinstitut damit betraut. Heute wird der Begriff auch für die Verlagerung von Arbeitsplätzen in andere Länder, hauptsächlich Billiglohnländer, benutzt.

Payroll Tax: US-Bezeichnung für die Lohnnebenkosten. Damit wird der Sozialstaat, hauptsächlich die Altersvorsorge, finanziert.

Peak Oil (Ölfördermaximum): Der Zeitpunkt, an dem der Höhepunkt der Förderung eines Ölfeldes erreicht ist. Das ist in der Regel der Fall, wenn die Hälfte abgebaut worden ist. Der globale Peak Oil tritt dann ein, wenn mehr als 50 Prozent aller Reserven verbraucht sind.

Private Equity (Private Beteiligungsfirmen): Das Gegenteil einer → Publikumsgesellschaft. Aktien des Unternehmens befinden sich in Privatbesitz und werden nicht an öffentlichen Börsen gehandelt. Das Beteiligungskapital stammt von privaten und institutionellen Anlegern.

Publikumsgesellschaft: Aktien eines Unternehmens werden an einer öffentlichen Börse gehandelt und unterliegen einer Börsenaufsicht.

Raider: Ausdruck für Spekulanten, die sich einzig wegen eines kurzfristigen Gewinns an einem Unternehmen beteiligen oder es gar deswegen zu übernehmen versuchen.

Sarbanes-Oxley-Act: Neue, verschärfte Auflagen für → Publikumsgesellschaften in den USA nach dem Enron-Skandal im Jahr 2002.

Securitasiation: Verbriefung oder Unterlegung von Schulden durch Wertpapiere. Es handelt sich dabei um einen Ersatz direkter Bankfinanzierungen durch vom Schuldner mit Wertpapieren unterlegte Finanzmittelaufnahmen, das heißt, Schulden werden aufgeteilt und können gehandelt werden.

Shareholder-Aktivisten: Kämpfer für die Rechte der Aktionäre.

Shareholder Value: Optimierung des Unternehmensgewinnes im Dienste der Aktionäre.

SMI (Swiss Market Index): Der bedeutendste Aktienindex der Schweiz. Er umfasst bis zu 30 liquide Titel hochkapitalisierter Unternehmen des Schweizer Aktienmarktes.

Sovereign Wealth Fund (SWF): Englische Bezeichnung für → Staatsfonds.

Staatsfonds: → Anlagefonds, die sich vollständig oder zumindest mehrheitlich in staatlichem Besitz befinden und vom Staat kontrolliert werden.

Staatsquote: Kennziffer, die angibt, wie hoch die Ausgaben des Staates in Prozent des Bruttoinlandprodukts sind.

Stakeholder: Interessengruppen, die berechtige Anliegen an ein Unternehmen haben, aber keine Aktionäre (→ Shareholder) sind, beispielsweise Mitarbeiter, Lieferanten, Kunden oder Standortgemeinden.

Stock Options: Sichern das Recht, → Aktien (Stocks) zu einem gewissen Preis zu erwerben. Werden oft als Bonus-Instrument bei Managern eingesetzt.

Subprime-Krise: Bezeichnet das Platzen der → Immobilienblase in den USA im Sommer 2007 und die Folgen davon. Der Ausdruck «subprime» bezieht sich auf die Schuldner, die nicht erstklassig, sondern eben «subprime» (minderwertig) sind und deswegen ihren Verpflichtungen nicht mehr nachkommen können.

Supply Chain: Die Wertschöpfungskette eines Unternehmens. Die Supply Chains großer Konzerne umspannen im 21. Jahrhundert oft den ganzen Globus.

Swing Producer: Ausdruck aus dem Erdölgeschäft. Gemeint sind Produzenten, die kurzfristig ihre Förderkapazität hochfahren und so Versorgungsengpässe überbrücken können. Heute gilt einzig noch Saudi-Arabien als Swing Producer.

Terms of Trade: Austauschverhältnis von Importen zu Exporten eines Landes.

Tigerstaaten: Übernamen für die boomenden Kleinstaaten Asiens. Gemeint sind in der Regel Taiwan, Südkorea, Malaysia und Thailand.

Tipping Point: Der Punkt, an dem ein System seinen Charakter grundsätzlich ändert bzw. an dem ein System kippt.

Volatilität: Bezeichnet große Ausschläge, sei es bei einem bestimmten Geschäft oder bei einem Wertpapier. Handel ist beispielsweise ein volatiles Geschäft, weil man kurzfristig sehr große Gewinne, aber auch große Verluste machen kann. Von volatilen Aktienmärkten spricht man, wenn die Kurse stark schwanken.

Washington Consens: Name für das neoliberale Sanierungsprogramm des → IWF während der Neunzigerjahre.

Weltbank: Internationale Organisation mit Sitz in Washington, deren Hauptaufgabe darin besteht, weniger entwickelte Länder durch finanzielle, beraterische und technische Hilfen zu fördern und dadurch die weltweite Armut zu senken. Sie bildet mit dem → IWF die Bretton-Woods-Institutionen. Ursprünglich leistete die Weltbank finanzielle Wiederaufbauhilfe an die vom Zweiten Weltkrieg zerstörten Staaten.

Wettbewerbsvorteil: Ein Unternehmen hat einen absoluten Wettbewerbsvorteil, wenn es entweder einen technologischen oder einen Kostenvorteil hat. Länder oder Unternehmen haben einen absoluten Wettbewerbsvorteil, wenn sie etwas einzigartig oder kostengünstig herstellen können. Für den internationalen Freihandel viel wichtiger ist jedoch der komparative Wettbewerbsvorteil. Er sagt, dass sich Handel zwischen zwei Ländern auch dann lohnt, wenn es keinen absoluten Wettbewerbsvorteil gibt. Schuld daran sind die → Opportunitätskosten.

WTO (World Trade Organisation): Welthandelsorganisation. Bestimmt die Spielregeln des Welthandels. Hatte zu Beginn des Jahres 2008 151 Mitgliedsländer, die rund 90 Prozent des gesamten Welthandels bestritten. Ihr Sitz ist in Genf.

Zwillingsdefizit: Wenn die Handels- und die Staatskasse gleichzeitig defizitär sind, spricht man von einem Zwillingsdefizit.

Literaturhinweise

Beck, Ulrich: Weltrisikogesellschaft. Auf der Suche nach der verlorenen Sicherheit. Suhrkamp Verlag, Frankfurt 2007.

Beinhocker, Eric: Die Entstehung des Wohlstandes. Wie Evolution die Wirtschaft antreibt. mi-Fachverlag/Redline GmbH, Landsberg am Lech 2007.

Burrough, Bryan/Helyar John: Die Nabisco-Story. Ein Unternehmen wird geplündert. Ullstein Verlag, Berlin 1991.

Carroll, Lewis: Alice hinter den Spiegeln. Insel Verlag, Frankfurt 2005.

Easterly, William: Wir retten die Welt zu Tode. Für ein professionelles Management im Kampf gegen die Armut. Campus Verlag, Frankfurt 2006.

Eichengreen, Barry: Vom Goldstandard zum Euro. Die Geschichte des internationalen Währungssystems. Wagenbach Verlag, Berlin 2000.

Friedman, Thomas, L.: Die Welt ist flach. Eine kurze Geschichte des 21. Jahrhunderts. Suhrkamp Verlag, Frankfurt a. M. 2006.

Ders.: The Lexus and the Olive Tree. Farrar Straus Giroux, New York 1999.

Hayek, Friedrich A. von: Der Weg zur Knechtschaft. Olzog Verlag, München 2007.

Klein, Naomi: No Logo. Riemann Verlag, München 2001.

Dies.: Die Schock-Strategie. Der Aufstieg des Katastrophen-Kapitalismus. Fischer Verlag, Frankfurt a. M. 2007.

Lindert, Peter, H.: Growing Public. Cambridge University Press, Cambridge 2004.

Lowenstein, Roger: Der große Irrtum. Die spektakuläre Geschichte vom Aufstieg und Untergang des raffiniertesten Investmentfonds aller Zeiten. DVA München, 2001.

Mandelbaum, Michael: Democracys Good Name: The Rise and Risks of the World's Most Popular Form of Government. Public Affairs, New York 2007.

Partnoy, Frank: Infectious Greed. Enron and beyond – The story behind Enron and its wider implications. Profile Books, London 2003.

Reich, Robert: Superkapitalismus. Wie die Wirtschaft unsere Demokratie untergräbt. Campus Verlag, Frankfurt a. M. 2008.

Rivoli, Pietra: Reisebericht eines T-Shirts. Ein Alltagsprodukt erklärt die Weltwirtschaft. Econ Verlag, Berlin 2006.

Sachs, Jeffrey: Das Ende der Armut. Ein ökonomisches Programm für eine gerechtere Welt. Siedler Verlag, München 2005.

Simmons, Matthew, R.: Wenn der Wüste das Öl ausgeht. Der kommende Ölschock in Saudi-Arabien – Chancen und Risiken. FinanzBuch Verlag, München 2006.

Steingart, Gabo: Weltkrieg um Wohlstand. Wie Macht und Reichtum neu verteilt werden. Piper Verlag, München 2006.

Stiglitz, Joseph: Die Schatten der Globalisierung. Siedler Verlag, Berlin 2002.

Ders.: Die Chancen der Globalisierung. Siedler Verlag, Berlin 2006.

Smith, Adam: Der Wohlstand der Nationen. Eine Untersuchung seiner Natur und seiner Ursachen. DTV, München 2008.

Yergin, Daniel: Der Preis. Die Jagd nach Öl, Geld und Macht. Fischer Verlag, Frankfurt a. M. 1991.

Weitere Titel aus dem Orell Füssli Verlag

Walter Wittmann

Wie man erfolgreich investiert

10 Goldene Regeln für private Anleger

Die amerikanische Hypothekenkrise hat gezeigt, wie schnell ganze Bereiche der Finanzindustrie ins Straucheln geraten können. Wenn selbst gestandene Profis auf dem glatten Parkett der Finanzmärkte ausrutschen, wie sollen sich dann private Anleger verhalten?

Für Private, die nicht allein von den Beratern ihrer Hausbank abhängig sein möchten, hat der Finanzexperte Walter Wittmann die Empfehlungen bekannter Investoren untersucht und daraus 10 Goldene Regeln entwickelt. Mit Hilfe dieser Anleitungen ist es gar nicht mehr so schwierig, als Privatanleger erfolgreich durch Finanzkrisen zu navigieren und sein Vermögen sicher zu investieren.

192 Seiten, gebunden, ISBN 978-3-280-05268-6